ナツメ社
やる気ぐんぐん
シリーズ
「知ってる」から「使える」へ！
オールカラー
マンガで身につく！
四字熟語辞典
筑波大学附属小学校教諭
青山由紀 監修
ズバッ！
JN224043
ナツメ社

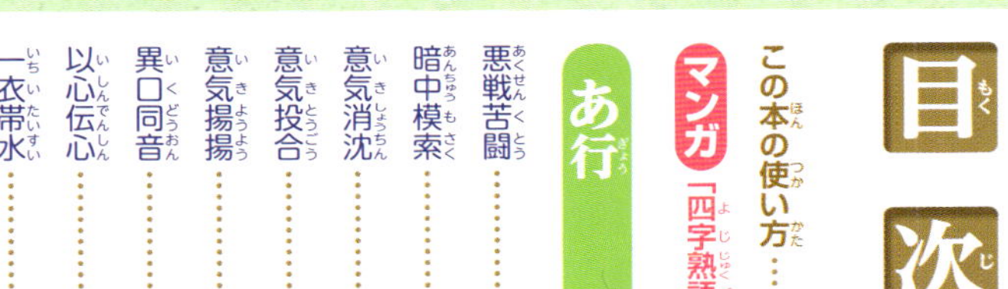

目次

あ行

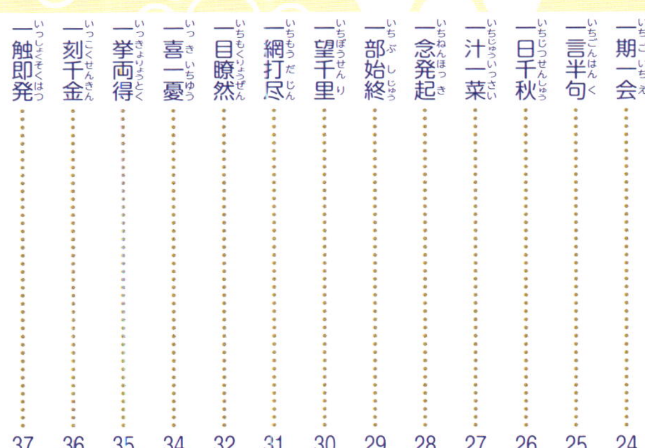

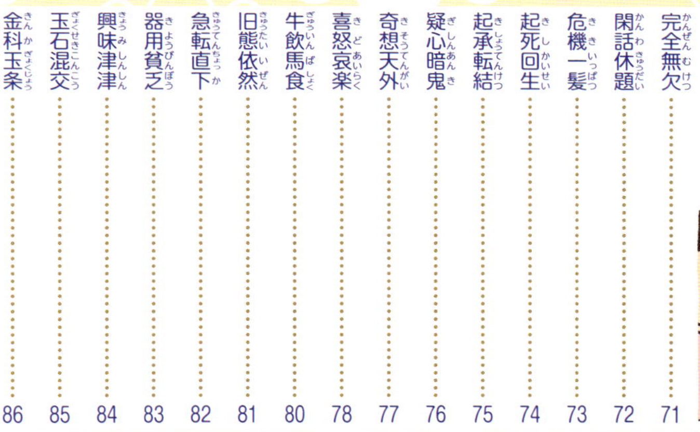

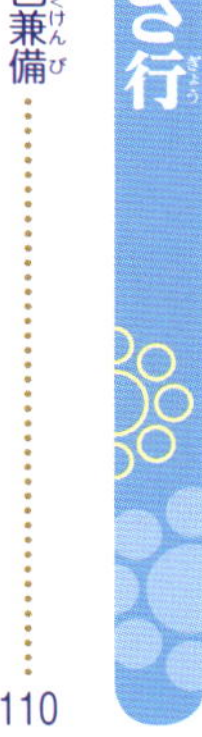

さ行

色＝空

やけっぱち！

どうぞ
どうぞ
魚心
水心

た行

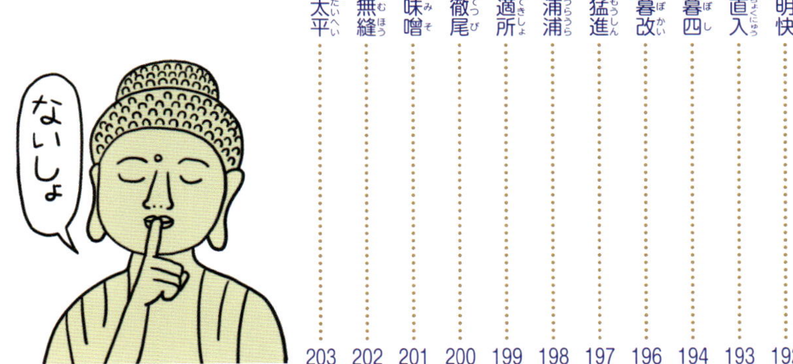

一文無し

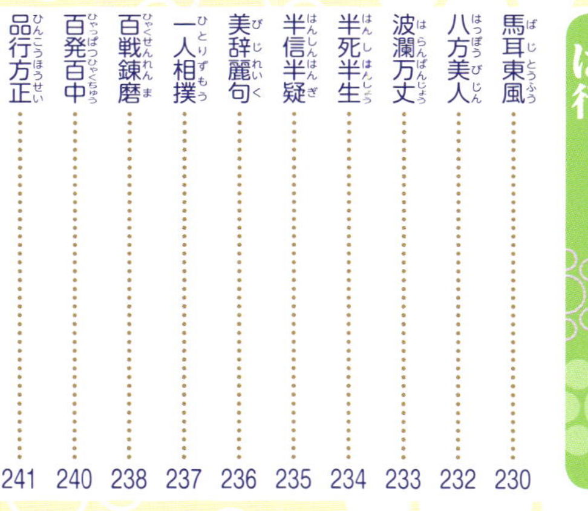

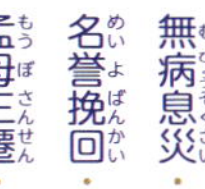
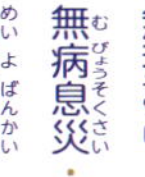
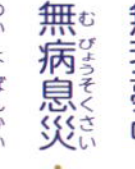
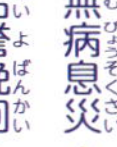
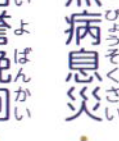
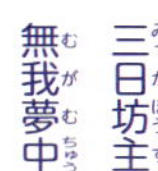
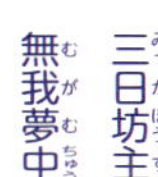

柔
軟
?

アハハハハ

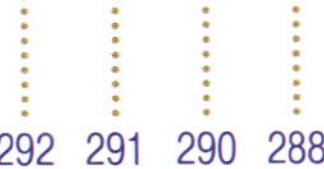

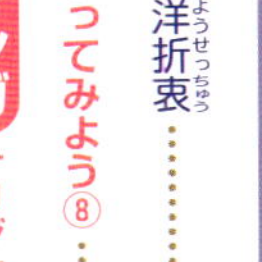

この本の使い方

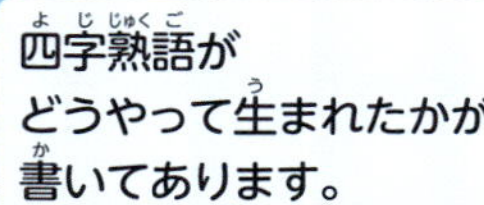

四字熟語がどうやって生まれたかが書いてあります。

四字熟語の意味が書いてあります。

マークが多いほど覚えておきたい四字熟語です。

このページで紹介する四字熟語です。

それぞれの言葉の意味が書いてあります。

覚えておきたいいろいろな情報が書いてあります。

四字熟語を使った例文が書いてあります。

一世一代

一世……人の一生
一代……人の一生

意味
その人にとって、一生で一度しかないこと。また、それくらい重要なこと。

由来

もともとは、歌舞伎や能の世界で使われる言葉で、引退する役者が最後のぶたいで、自分の得意な芸をえんじることを言った。

覚え得！
「一世」は「いっせい」とも読む。

使い方
友だちが、運動会の選手宣誓をする役に選ばれた。友だちは、一世一代の晴れぶたいだとはり切っているが、あがりしょうなので心配だ。

今日はパパの一世一代の晴れぶたいだ
マジックコンテスト
パチ パチ パチ パチ パチ

このぼうしからあ…あれ？

ニャー
わ〜

タマに助けられたね
家から入ってきてたんだね
ワー
アハハ
パチ パチ パチ

まめちしき

少しむずかしいけど「乾坤一擲」という四字熟語もあるよ。これは、運を天にまかせて、一世一代の大勝負に出ることのたとえなんだ。

勝負!!

●にた意味の四字熟語
・一期一会（24ページ）　・一世一度
・乾坤一擲

問題14の答え　根

42

前のページの問題の答えです。

四字熟語に関するまめちしきです。

クイズやワークもいっぱい！楽しみながら、四字熟語が身につく！

四字熟語の問題や、四字熟語かるたやレポートの作り方などがのっているよ。

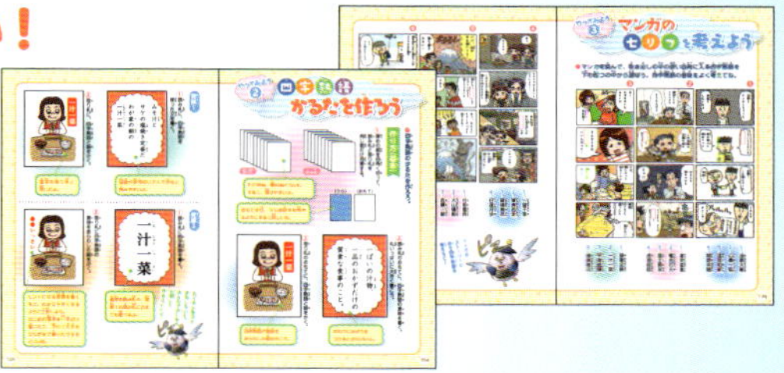

五十音順にのっています。

あ

一石二鳥

一石……ひとつの石
二鳥……二羽の鳥

意味
ひとつのものごとで、同時にふたつの利益を得ること。

由来
ひとつの石を投げて、同時に二羽の鳥をうちおとして手に入れるという意味の、イギリスのことわざから生まれた。（まめちしきを見てね）

覚え得！
ふたつ以上の利益を得る場合は、「一石三鳥」「一石四鳥」などという場合もある。

使い方
・早起きをしてジョギングをはじめた。体が健康になったし、ごはんもおいしく食べられるようになったので一石二鳥だ。
・一石二鳥のいい方法を見つけたので兄に教えてあげた。

マナちゃん、お料理習い始めたんだって？

うん！

作った後は試食するんだよ

料理を覚えられるしおいしいものも食べられて
一石二鳥だよ！

四字熟語の出てくるマンガです。

いいなぁ、私も習いに行こうかな
私も～

試食だけ参加はアリかなぁ～？
それはダメ～！
あはは
じろぅ

“kill two birds with one stone”（石ひとつで鳥二羽を殺す）ということわざから、この四字熟語が生まれたんだ。このように、英語から生まれたことわざや四字熟語もあるよ。

ドン
ドン

・一挙両全　・一挙両得（35ページ）　・漁夫之利

●反対の意味のことわざ

・虻蜂取らず　・二兎を追う者は一兎をも得ず

にた意味や反対の意味の、四字熟語やことわざなどが書いてあります。

43　問題15　右の□の中に入る漢字は何？　茫然□失

四字熟語の問題です。四角の中に入る漢字を考えましょう。

「四字熟語」ってなあに？

ユウ、運動苦手だもんねー

……

ん!?
アクセンクトウってなに？

ヒュルルル

四字熟語だよ

四字熟語？

ルルルル

!?

なっ何!?

プシュー
プス
プス

ボーーンッ
ひっ
四字熟語とは！
四つの漢字がひとつにまとまって
特定の意味を持った言葉のことだピ!!
ピンッ
この星の日本という国には
四字熟語が日常にあふれていると聞いたピ
ピロ
ピロ
ピロ
ずいっ
こっ…これは
興味津津というやつだピ
何あれ！
お、お姉ちゃん
新しいオモチャ？
飛んでるし！
どういう仕組み!?

おろ おろ
大丈夫よ
大丈夫!?
爆発したりしない？
警察にとどけたほうがいいんじゃ……
あれは右往左往ピ……
コホン
申しおくれましたピ
わがはいは地球とは別の銀河からやってきた、ピッポ！
地球の四字熟語について研究しに来たピ
ピッポ
ほかの銀河？
きみたちはこの星の住人ピ？
私はサヤカよ
こっちは弟のユウ
ユウ
小学三年生
読書が好き
サヤカ
小学四年生
活発な性格
ふむ
かれらとの交流を通じて生の四字熟語を体験するいい機会ピ
うちゅう人ってこと？
まさか！オモチャよ
ていうか、そういう設定のキャラなのよきっと

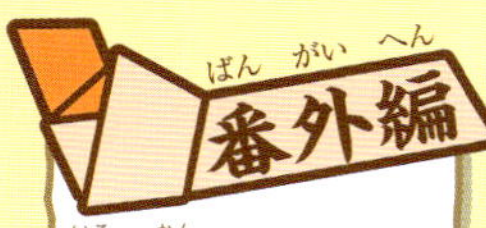

色に関する
四字熟語&ことわざ

四字熟語

青息吐息
▶弱っているときに出るため息。また、そのようす。

喜色満面
▶顔いっぱいにうれしそうな表情があらわれているようす。

白河夜船
▶何が起こっても気づかないほど、熟睡すること。

白砂青松
▶白い砂と青青とした松がつらなる浜辺の景色。

ことわざ

青は藍より出でて藍より青し
▶教えを受けた人のほうが、教えた人よりもりっぱになること。

紺屋の白袴
▶専門家が、人のことばかりにいそがしくて、自分のことになるとまったくかまわないこと。

朱に交われば赤くなる
▶人はつきあう友だちによって、良くもなれば悪くもなること。

沈黙は金、雄弁は銀
▶だまっているほうが、しゃべっているよりも良いということ。

となりの芝生は青い／となりの花は赤い
▶ほかの人の物は何でも良く見えて、うらやましく思えること。

悪戦苦闘
強い相手に、苦しみながら必死で戦うこと。
（14ページを見てね）

興味津津
興味や関心がつぎつぎとわいてきて、つきないこと。
（84ページを見てね）

右往左往
うろたえて、あっちへ行ったりこっちへ来たりするようす。
（50ページを見てね）

PiPiPi
へー、こんな意味なんだ
何これべんり！
さあ！じゃんじゃん四字熟語をさがしに行くピ!!
GO!
何だか面白そう！
おーっ

悪戦苦闘

悪戦……きびしい戦い
苦闘……苦しい戦い

意味

強い相手に対して、苦しみながら必死で戦うこと。また、困難に打ち勝とうと、苦しみながらもけんめいに努力すること。

由来

「悪戦」はきびしく不利な戦いのこと。「苦闘」も苦しい戦いのことで、同じような意味の言葉をならべて、意味を強調している。

使い方

大学生の姉は、研究の結果を出そうと、悪戦苦闘の毎日だったが、来月ようやく発表できると、うれしそうに話していた。

ただ今悪戦苦闘中……

うっ…!!
くっ…!!

あーーっ!!

せなかがかけない〜!!
かゆいよ〜!!

まめちしき

「悪戦」という語も「苦闘」という語も、中国の古い書物に出てくるよ。戦いがさかんだった時代の中国では、武将たちがさまざまな作戦を練って、苦しい戦いにいどんでいたんだ。

●にた意味の四字熟語

- 苦心惨憺
- 千辛万苦

暗中模索

暗中……暗やみの中
模索……手さぐりでさがす

意味
暗やみの中、手さぐりでさがすこと。また、手がかりのないものごとをやってみること。

由来
昔の中国で、人の名前をすぐにわすれてしまう男の人に、ある人がこう忠告した。「もしあなたが有名な人に会ったら、必死に暗やみをさぐってでも相手の名前を思い出そうとするはずだ。どんな相手に対してもその心がけでいれば、相手の名前を思い出せるだろう」この話が語源と言われる。

使い方
事件の手がかりがまったく見つからず、捜査はいつまでたっても、暗中模索の状態である。

夏に向けてスイカわりの練習をすることにした

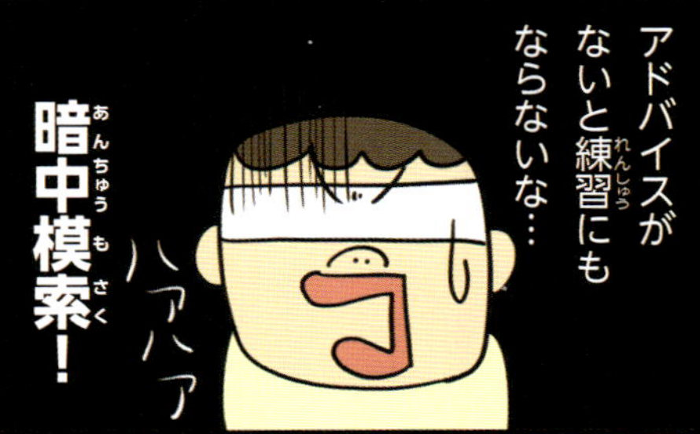

アドバイスがないと練習にもならないな…

暗中模索!

ハアハア

まめちしき

「模索」は手さぐりでさがすことを意味していて、もともとは「摸索」と書いていたけど、今では「模索」の字が使われているよ。

●にた意味の四字熟語

・五里霧中(101ページ)
・試行錯誤(119ページ)

問題1 右の□の中に入る漢字は何?　四□楚歌

意気消沈

意気……元気・やる気
消沈……消える・しずむ

意味 ものごとがうまくいかなかったり、失敗したりして、元気をなくしてしずみこむこと。

由来 元気ややる気、意気ごみをあらわす「意気」と、消え失せ、おとろえることをあらわす「消沈」を合わせた言葉。

使い方 楽しみにしていたパン食い競走が中止になり、弟はすっかり意気消沈している。

あっ ナナちゃんだ!!

まめちしき

「意気」がつく四字熟語はたくさんあるよ。「意気消沈」と同じような意味の「意気阻喪」。反対の意味の「意気軒昂」「意気衝天」「意気揚揚」。「意気が揚がる」「意気に燃える」「意気相投ずる」などの慣用句もあるね。くわしい意味を辞書で調べてみよう。また、「意気消沈」は「意気銷沈」とも書くよ。

●にた意味の四字熟語

・意気阻喪

●反対の意味の四字熟語

・意気軒昂 ・意気衝天 ・意気揚揚（18ページ）

意気投合

意気……心持ち・気力
投合……一致すること

意味

おたがいの気持ちや考え方がぴったり合うこと。また、気が合って、仲良くなること。

由来

意気ごみをあらわす「意気」と、ふたつのものがぴったりと合うことをあらわす「投合」を合わせた言葉。

覚え得！

「投合」を「統合」と書きまちがえないように。

使い方

・転校生の子が私のとなりの席にすわることになった。話しかけてみたらたちまち意気投合して、仲良くなった。

・父はアルバイト時代に意気投合した仲間と店を開いた。

●にた意味の四字熟語

・情意投合

まめちしき

「意気投合」と同じような意味で「ウマが合う」という慣用句があるよ。ウマに乗るには、乗り手とウマの呼吸をぴったり合わせなくてはならないことから、気が合うことをこう言うようになったんだ。

問題2　右の□の中に入る漢字は何？　疑心□鬼

意気揚揚

意気……意気ごみ、気持ち
揚揚……得意げで元気なようす

意味
結果が良かったり、思い通りになったりして、得意気にふるまうこと。また、元気いっぱいで、とてもいせいが良いようす。

由来
「意気」は、気持ちのこと。「揚」の字は、高くかかげるという意味があり、ふたつ重ねることで、ほこらしげで得意なようすを強調している。

使い方
大会で優勝したメンバーが、意気揚揚と帰ってきた。祝勝会でお祝いの歌をうたうという大役をまかされた姉も、意気揚揚とステージに上がっていった。

やった〜♪
あら、田中くんなんだか意気揚揚としてるわね？

田中くん、あなたからラブメールがとどいたって…
!?

キャ――――ッ！あて先まちがえて田中くんに送信しちゃった――!!

まめちしき
「揚揚」を「陽陽」と書きまちがえないように注意しよう。「陽」の字も気持ちが明るくなるみたいですてきだけどね。

●にた意味の四字熟語
・意気軒昂　・意気衝天

●反対の意味の四字熟語
・意気消沈（16ページ）　・意気阻喪

問題2の答え　暗

異口同音

異口……ちがう口
同音……同じ言葉

意味
多くの人が、口をそろえて同じことを言うこと。たくさんの人の意見が一致すること。

由来
多くの人やさまざまな人の口をあらわす「異口」と、同じ言葉をあらわす「同音」を合わせた言葉。

覚え得！
「異口」を「異句」と書きまちがえないように。

使い方
人気者の森くんが、「次の日曜日にプールに行こう」とさそったら、その場にいた全員が異口同音に賛成した。ぼくは、さすがに人気者はちがう、と感心してしまった。

10月15日(金) 日直 坪井 沢里
学級委員をやりたい人！

まめちしき
仏教の書物によく出てくる言葉で、もともとは、仏様の話に感激して、人々が口々にほめるようすや、口々に念仏を唱えるようすをあらわしていたよ。

●にた意味の四字熟語
・異口同声　・衆目一致
・満場一致(262ページ)

問題3 右の□の中に入る漢字は何？　□下氷人

以心伝心

以心……心で
伝心……心に伝える

問題3の答え　　月

意味

口に出したり文字で書いたりしなくても、おたがいの気持ちや考えが自然に通じ合うこと。

由来

もともとは仏教で使われる言葉で、悟りは言葉ではあらわせず、心から心へ伝えるものだという禅の考えからできた言葉。（まめちしきも見てね）

覚え得！

「伝心」を「電心」と書きまちがえないように。

使い方

このチームの教授と助手は以心伝心だ。今日も、教授が「あの……」と言っただけで、助手が「はい、これですね」とルーペをわたしていた。

まめちしき

「以心伝心」は、「心を以て心に伝う」とも読む、禅の考えからできた言葉だよ。「悟り」というのは、仏教の言葉で、まよいがなくなりものごとの正しい道がはっきりわかること。悟りを得た状態を「悟りを開く」「悟りの境地」などと言うよ。

●にた意味の四字熟語

・不立文字

●にた意味のことわざ

・目は口ほどに物を言う

問題4 右の□の中に入る漢字は何？　和□折衷

一衣帯水

一衣帯……一本の帯
水……川や海

意味

一本の帯のような細い川や海をはさんでいるだけで、たいへん近くにあるようす。また、そのようにひじょうに近い関係のこと。

由来

中国の歴史書におさめられた言葉。（まめちしきも見てね）

使い方

日本と韓国は、一衣帯水の間にある。

私、今度となり町に引っこすの！
えっ！？

うわーっ
わーん、ユリちゃん！
アヤちゃん…！

はなれていても親友だよ！
いつか、また会えるよね！

──となり町とは一衣帯水の間にあった
おはよーっ

まめちしき

中国、南北朝時代に書かれた歴史書『南史』におさめられた言葉だよ。隋という国の皇帝がとなりの陳という国にせめいるとき、「私は民の親の立場にある。どうして一本の帯ほどの細い川でへだてられているからといって、その民を救わないでいられようか」と言ったという故事からできたんだ。

●にた意味の四字熟語

・衣帯一江

問題4の答え　洋

一言居士

一言……ひとこと
居士……男子

意味
何ごとにも、一言、自分の意見を言わなければ気がすまない性格の人。

由来
ひとつの言葉や意見をあらわす「一言」と、男の人をあらわす「居士」を合わせた言葉。

覚え得！
・「一言」を「いちごん」と読みまちがえないように。
・「○○居士」の形で、「○○な人」と、男の人の性格をあらわす意味で使うこともある。

使い方
父は一言居士で、いっしょにテレビを見ているともんくばかり言う。最近では、母は好きな番組は録画してひとりで見るようにしている。

●反対の意味の四字熟語
・付和雷同（246ページ）

まめちしき

「居士」とは、出家しないで仏教の修行をする男の人のこと。男の人の戒名（死んだ人につける名前）の下につける言葉でもあるよ。女の人の戒名の下につけるのは「大姉」だよ。

問題5 右の□の中に入る漢字は何？　門外不□

一期一会

一期……一生
一会……ひとつの出会い

意味

一生に一度だけの、大切な出会いのこと。ひとつひとつの出会いを大事にすること。また、一生に一度と考えて、ものごとを大切にすること。

由来

仏教の言葉で人の一生をあらわす「一期」と、一度きりの出会いをあらわす「一会」を合わせた言葉。もとは、茶道の心得を説いた言葉。

使い方

一期一会の気持ちで、どんな出会いも大切にしよう。

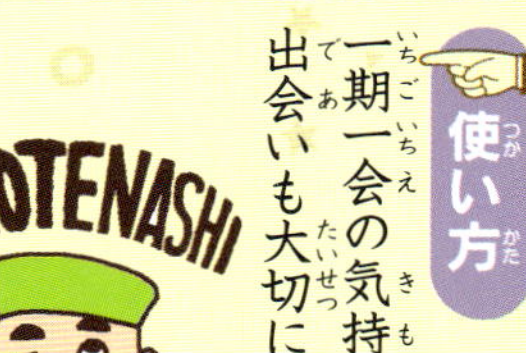

まめちしき

「一期一会」は、安土桃山時代の有名な茶人、千利休の言葉として、弟子の山上宗二が本の中に書いているよ。「お茶会の席では、もてなす人ももてなされる人も真心をもって相対し、二度とはこないかもしれないこの貴重な時間を大切にすごしましょう」と教えたんだ。

●にた意味の四字熟語

- 一世一代（42ページ）
- 一世一度

問題5の答え　出

一言半句

一言……ひとつの言葉
半句……一句の半分

意味

ほんの少しばかりの、とても短い言葉。

由来

「一言」も「半句」も、とてもわずかな、短い言葉という意味。同じような意味の言葉を、ふたつを合わせることで、意味を強調している。

使い方

・朝礼のとき、先生が「今日は、これから大事なことを話すので、しっかり聞くように」と言った。みんな、しんけんに聞いていたが、先生の言ったことは、先週の朝礼で言ったことと、一言半句も変わらなかった。

・兄はとてもおこっていたので一言半句も話さなかった。

●にた意味の四字熟語

・一語一句　・一言一句
・片言隻句

まめちしき

「一言半句」のあとには、「聞きのがさない」「変わらない」「言わない」など、打消しの言葉が来ることが多いよ。

問題6 右の□の中に入る漢字は何？　□工異曲

一日千秋（いちじつせんしゅう）

一日……一日
千秋……千年

意味

ひじょうに待ち遠しく思うこと。思いしたうこと。

由来

「秋」は、年月をあらわしている。たった一日が千年にも長く思えることから。

使い方

大好きな母が、退院して家に帰ってくるのを、家族はみんな一日千秋の思いで待っている。

これ読んでください！

返事はいつでもいいって言ったけど

そわ　そわ
一日千秋とはこのことだ！
落ち着けって

うがー
あーっ待ちすぎてもうダメだ～
まだ昼前だぞ…

まめちしき

もともとは、中国最古の詩集『詩経』に出てくる「一日三秋」という言葉からできた四字熟語だよ。三秋は、秋が三回めぐってくるということから、三年という意味。昔の人は、好きな人に会いたい気持ちを「一日千秋の思い」と表現して、ラブレターを書くときなんかによく使っていたんだよ。

●にた意味の四字熟語
・一日三秋　・一刻千秋

●反対の意味の四字熟語
・一刻千金（36ページ）

問題6の答え　同

一汁一菜

一汁……ひとつの汁物
一菜……ひとつのおかず

意味

一ぱいの汁物、一品のおかずだけの質素な食事のこと。

由来

「菜」は、野菜だけでなくいろいろなおかずのこと。「菜」の字は「惣菜」「主菜」など、おかずの意味で使われる。

使い方

母が「今日のばんご飯は、一汁一菜よ」と言った。でも、大好きなハンバーグと具だくさんのクリームシチューだったので、私も弟も大よろこびだ。

メタボなパパは……

健康のため
食事を一汁一菜にした

でも全然やせないわねぇ……？

一汁一菜の食事を
一日十回食べたのだ！

まめちしき

一汁一菜は質素な食事というけど、昔の日本では、ご飯、みそ汁、つけ物と、おかずなしですませることも多かったんだ。今でも、禅寺のおぼうさんの食事は一汁一菜で、動物の肉やたまごを食べない菜食なんだよ。食事のしたくや後かたづけまで全部自分たちですることも修行のひとつなんだって。

●にた意味の四字熟語

・粗衣粗食

●反対の意味の四字熟語

・山海珍味　・三汁七菜

問題7　右の□の中に入る漢字は何？　孟母□遷

一念発起

一念……ひたすら思う
発起……思い立って始める

意味

あることをなしとげようと、かたい決心をすること。

由来

もともとは仏教の言葉で、仏の道に入ろうとかたく決心することをさしていた。

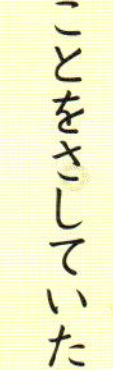

使い方

私は一学期の間、何度も学校にちこくしそうになった。二学期からは、一念発起して、早ね早起きをするようになったので、朝、よゆうができた。

まめちしき

もともとは「心を入れかえてただちに仏の道に入ろうと決意する」という意味で使われていたよ。仏教の言葉で、「一念」は、ひたすら一心に思うこと、「発起」は、仏を信じる心を起こすこと、という意味なんだ。「一念、岩をも通す」ということわざもあるよ。意味を調べてみよう。

オイラ もうゆるせない！ おにたいじしてくる！
桃栗三年柿八年 ついに…！
柿太郎 ほんとか！

一念発起して 行きおった……
ウォー
がんばるんじゃぞ…

おや？ 柿太郎 どうした？
ウォー

桃太郎って人が先に たおしちゃったって
どて〜

●にた意味の四字熟語

・緊褌一番

あ

一部始終（いちぶしじゅう）

一部……一さつの本
始終……始めから終わりまで

意味
ものごとの始めから終わりまで。全部。

由来
「一部」は、一さつの本のこと。「始終」は、始めから終わりまで。一さつの本に書かれているすべてのことという意味から、ものごとの全部という意味に発展した。

使い方
私は事故の一部始終を見ていたので、警察に話した。

まめちしき

「一部」というと、全体の中の「一部分」をイメージしてしまうけど、ここでは「一さつの本」という意味。本を数えるとき、「さつ」以外に「一部、二部」とも言うんだよ。「さつ」「台」「本」など、物を数えるときにつける言葉を「助数詞」と言うよ。ほかにはどんなものがあるか、調べてみよう。

●にた意味の四字熟語

・一伍一什

問題8　右の□の中に入る漢字は何？　私□私欲

一望千里

一望……ひと目
千里……遠いきょり

意味
ひと目ではるか遠くまで見わたせるほど、見晴らしが良いこと。広々としてながめが良いこと。また、そのような気持ちの良い景色のたとえ。

由来
「一望」はひと目で見わたすこと。「里」は昔のきょりの単位で、一里は、日本では約三・九キロメートル。「千里」はひじょうに遠いことのたとえ。

使い方
学校の遠足で、新しくできたタワーの展望台に上った。遠くの町まで見わたせる一望千里のながめが、とても気持ち良かった。

まめちしき
「千里眼」「千里鏡」など、「千里」のつく言葉はいくつもあるよ。また「千里の馬」というのは一日に千里も走るウマということから、ひじょうに才能のすぐれた人をさす言葉なんだ。

●にた意味の四字熟語
・眺望絶佳

一網打尽（いちもうだじん）

一網……一度、あみをうつ
打尽……とりつくす

意味
悪いことをした犯人やその仲間を、一度に全部つかまえること。

由来
中国の歴史書『宋史』より。一度、あみを投げ入れるだけで、そこにいた魚を残らずすべてつかまえるということから。

使い方
市民からの通報で、犯人たちは一網打尽となった。

イケメンのお兄さんは

たった一度のほほえみで……
ニコッ

女心を一網打尽♡
キャーキャーキャーキャー

まめちしき

中国語で「打」は、動詞につけて動作をあらわす言葉で「～する」の意味があるんだ。日本語でも、「打つ」は、たたくという意味だけでなく、投げ広げる、大きな動作をする、ゲームやしばいをする、わざをかけるなど、いろいろな意味で使われるよ。

●にた意味の四字熟語

・一斉検挙

問題9 右の□の中に入る漢字は何？　□位一体

一目瞭然

一目……ちょっと見る
瞭然……はっきりしている

問題9の答え　三

ありがと
え！　なんで…

書道の上手なあの子は筆跡でわかってしまうのだった！
大地
大地
大地
大地
大地

意味

一目見ただけで、よくわかること。

由来

「一目」は、一度ちらっと見るという意味で、ちょっと見ただけではっきりとよくわかること。

使い方

・すもう部の兄の大会があるので、応援に行った。ところが結果は一目瞭然。一番体の小さい兄は、一勝もできなかった。

・引き出しにラベルをつけてみたら、中に何が入っているのか一目瞭然になった。使いやすいし、片づけもしやすくなった。

まめちしき

チラッ

「一目」が出てくる言葉に、「一目置く」というのがあるよ。この場合の「一目」は、ちょっと見るという意味ではなくて、碁盤の目のこと。囲碁の勝負では、弱いほうが最初に石をひとつ置いて始めることから、相手の力をみとめて、自分が一歩ゆずるという意味だよ。

●にた意味の慣用句

・一望に収める

●反対の意味の四字熟語

・烏之雌雄

問題10　右の□の中に入る漢字は何？　大山鳴□

一喜一憂

一喜……喜ぶ
一憂……心配する

意味

状況が変わるたびに、喜んだり心配したりと、気持ちがゆれうごき、落ち着かないこと。

由来

「喜」は喜ぶことで「憂」は心配したり悲しんだりすること。反対の意味の語を組みあわせて、両方の気持ちを行ったり来たりするようすをあらわしている。

覚え得！

「一憂」を「一優」と書きまちがえないように。

使い方

去年、いとこのお姉ちゃんに子どもが生まれた。はいはいしたと言っては喜び、ご飯を食べないと言っては心配し、毎日、一喜一憂しているみたいだ。

バ～ン
やった！カレーライスだ！

ドヨ～～～ン
サラダ…
カツヤくんは好ききらいがはげしい

まめちしき

「憂」の字には、心配したりなやんだり気づかったりという意味があるよ。「憂」の横に人をあらわす「亻」をつけると「優」になるね。心配したり気づかったりできる人は優しいってことかな。

●にた意味の四字熟語

・一顰一笑

問題10の答え　動

一挙両得

一挙……ひとつのことを行う
両得……ふたつの利益を得る

意味

ひとつのことをして、同時にふたつの利益を得ること。ひとつでふたつの利益を得られること。また、わずかな労力で、多くの利益を得ること。

由来

中国の歴史書『晋書』より。ひとりの男が、二ひきのトラをたいじしようとした。そこで、大きいトラと小さいトラを戦わせて、小さいトラが死に、大きいトラがきずついたところで、両方一気にたいじしたという話からできた言葉。

使い方

ジョギングを始めたら、体がじょうぶになるし、気分転換にもなるし、一挙両得だ。

まめちしき

にた意味の言葉に「一石二鳥」がある。「一挙両得」は中国の故事が語源だけど「一石二鳥」は英語のことわざが語源だよ。

もう、ゲームばっかりしてしばらく禁止よ！
えーっ
ばっ

ははは
おもしろいしためにもなって
一挙両得だね！

最近のリクくんすてきじゃない？
知的！
一挙三得かな!?

●にた意味の四字熟語

- 一石二鳥（43ページ）
- 一挙両全
- 漁夫之利

問題11 右の□の中に入る漢字は何？　八方□人

一刻千金

一刻……わずかな時間
千金……たくさんのお金

意味

わずかなひとときが大変貴重なこと。大切なときがすぎやすいことをおしむ言葉。

由来

中国の詩人、蘇軾の『春夜』という詩に出てきた言葉。（まめちしきも見てね）

蘇軾

使い方

父は家族をとても大切にしている。家族がそろってばんご飯を食べていると、かならず「この時間は、一刻千金だなあ」と口ぐせのように言っている。

ショウッチ!!
ガオー!!

ハッ!!
ピコー!!
ピコー!!

ピコーン
ピコーン
これは私のエネルギーが残り少ないという警告音……

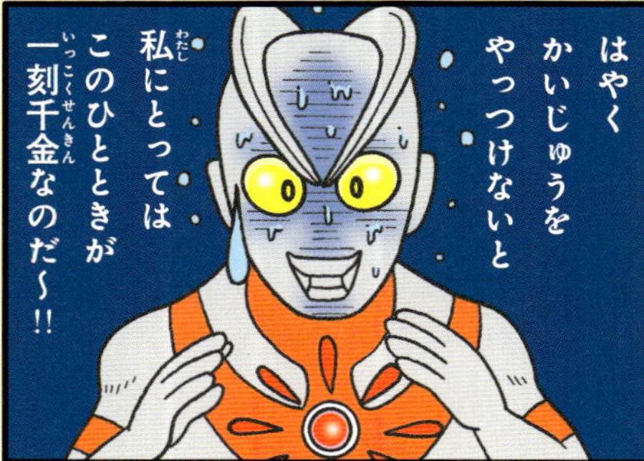

はやくかいじゅうをやっつけないと
私にとってはこのひとときが一刻千金なのだ〜!!

●にた意味の四字熟語
・春宵一刻
●反対の意味の四字熟語
・一日千秋（26ページ）

まめちしき

蘇軾は、中国、宋の時代の詩人だよ。蘇軾が作った『春夜』という詩の中に、「春宵一刻直千金」という一説が出てくるんだ。これは、春の夜にはすばらしいふぜいがあるので、ひとときが、たくさんのお金と同じようにねうちがある、という意味で、春の夜の短さとすばらしさをうたっている詩なんだ。

問題11の答え　美

あ

一触即発（いっしょくそくはつ）

一触……ちょっとふれる
即発……すぐに爆発する

意味
ちょっとしたきっかけで大変なことになりそうな差しせまったきけんな状態のこと。

由来
ちょっとふれただけですぐ爆発するということから。

覚え得！
「即発」を「速発」と書きまちがえないように。

使い方
先月からとなりの国との関係がますます悪化して、一触即発の状態になっている。

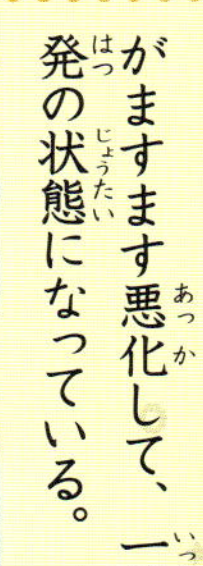

●にた意味の四字熟語
・危機一髪（73ページ）

まめちしき
にた意味の四字熟語に「危機一髪」があるよ。「一触即発」は、ちょっとしたきっかけで悪いできごとが起こりそうなときに使うけど、「危機一髪」は、ちょっとの差で危険をのがれられたときに使われるよ。意味はにていても、使う場面がちがうんだね。

問題12　右の□の中に入る漢字は何？　正□堂堂

一所懸命

一所……ひとつの場所
懸命……命をかける

意味 ものごとに熱心に取り組み、必死で努力すること。

由来 ひとつの場所を命がけで守ることから。（まめちしきも見てね）

覚え得！ 「一生懸命」とも言う。

使い方 妹は、コンクールのために一所懸命練習している。

まめちしき

「一生懸命」と書くことも多いよね。もともとは、鎌倉時代から室町時代のころ、武士が一か所の土地を命をかけて守っていたことから生まれた言葉だから、「一所懸命」と言うのが始まりなんだ。「一生懸命」は、「所」を「しょう」とのばして発音したことからできた言葉が、定着したものだよ。

●にた意味の四字熟語

- 一意専心
- 一生懸命
- 一心不乱（41ページ）
- 粉骨砕身（247ページ）

問題12の答え 正

一進一退

一進……進む
一退……しりぞく

意味

情勢や病気の状態などが、良くなったり、悪くなったりすること。

由来

「一」は、「あるいは」という意味。進むあるいはしりぞくということから。

覚え得！

「一進」を「一新」と書きまちがえないように。

使い方

祖父の病状は、良くなったり悪くなったり、一進一退をくりかえしているので、家族はみんな心配している。

まめちしき

「進」と「退」を使った四字熟語に、「寸進尺退」というのもあるよ。一寸は3cm。一尺は30cm のこと。3cm 進んで30cm もどるのだから、少し進んで大きくもどるということだね。そこから、得るものがわずかで、失うものがはるかに多い、という意味があるんだ。

●反対の意味の四字熟語

・日進月歩（222ページ）

問題13　右の□の中に入る漢字は何？　悪戦□闘

一心同体

一心……ひとつの心
同体……同じ体

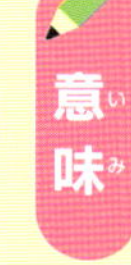

意味

ふたり、またはたくさんの人が、心をぴたりと合わせて、固く結びつくこと。

由来

何人もの人の心がひとつになり（一心）、体も同じように結びついている（同体）、ということから。

覚え得！

「一心」を「一身」と書きまちがえないように。

使い方

おじいちゃんとおばあちゃんが、けんかをしているのを見たことがない。ふたりはずっといっしょにくらしているので、一心同体なのだ。

まめちしき

にた意味の四字熟語に「異体同心」というのがある。これは体は別々のものでも、心はひとつにつながっているという意味だよ。

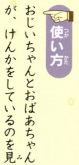

●にた意味の四字熟語

・異体同心

あ

一心不乱

一心……心をひとつにして集中する
不乱……みだされない

意味

ひとつのことに心を集中させて、ほかのことにみだされないこと。

由来

もともとは、仏教の言葉で、有名なおきょう「阿弥陀経」に出てくる。「一心」は、ひとつのことに心を集中させること。「不乱」は、心がみだされないこと。仏様を信じ、おきょうを熱心に唱えることで、心をみだされないようすをあらわしている。

使い方

ぼくはサッカーチームに入っている。レギュラーを選ぶテストが近いので、チームのメンバーはみんな一心不乱に練習に打ちこんでいる。

まめちしき

「一心不乱」とにた読みの言葉に「一糸不乱」があるよ。一本の糸ほどのみだれもないことから、すべてがきちんとしていて少しのみだれも見られないという意味。「一糸みだれず」とも言うね。

●にた意味の四字熟語

・一意専心　・一所懸命(38ページ)
・無我夢中(266ページ)

問題14 右の□の中に入る漢字は何？　事実無□

一世一代

一世……人の一生
一代……人の一生

意味

その人にとって、一生で一度しかないこと。また、それくらい重要なこと。

由来

もともとは、歌舞伎や能の世界で使われる言葉で、引退する役者が最後のぶたいで、自分の得意な芸をえんじることを言った。

覚え得！

「一世」は「いっせい」とも読む。

使い方

友だちが、運動会の選手宣誓をする役に選ばれた。友だちは、一世一代の晴れぶたいだとはり切っているが、あがりしょうなので心配だ。

今日は
パパの
一世一代の
晴れぶたいだ
マジック
コンテスト
パチ
パチ
パチ
パチ
パチ

この
ぼうしから
あ…あれ？

わ～
ニャー

ワー
タマに
助けられ
たね
家から
入ってきて
たんだね
アハハハ～
パチ
パチ
パチ

まめちしき

少しむずかしいけど「乾坤一擲」という四字熟語もあるよ。これは、運を天にまかせて、一世一代の大勝負に出ることのたとえなんだ。

勝負!!

●にた意味の四字熟語

- 一期一会（24ページ）
- 一世一度
- 乾坤一擲

問題14の答え　根

一石二鳥

一石……ひとつの石
二鳥……二羽の鳥

意味

ひとつのものごとで、同時にふたつの利益を得ること。

由来

ひとつの石を投げて、同時に二羽の鳥をうちおとして手に入れるという意味の、イギリスのことわざから生まれた。（まめちしきを見てね）

覚え得！

ふたつ以上の利益を得る場合は、「一石三鳥」「一石四鳥」などという場合もある。

使い方

・早起きをしてジョギングをはじめた。体が健康になったし、ごはんもおいしく食べられるようになったので一石二鳥だ。
・一石二鳥のいい方法を見つけたので兄に教えてあげた。

マナちゃん、お料理習い始めたんだって？
うん！
作った後は試食するんだよ

料理を覚えられるしおいしいものも食べられて
一石二鳥だよ！

いいなぁ、私も習いに行こうかな
私も～

試食だけ参加はアリかなぁ～？
それはダメ～！
じゅる～
あはは

まめちしき

“kill two birds with one stone”（石ひとつで鳥二羽を殺す）ということわざから、この四字熟語が生まれたんだ。このように、英語から生まれたことわざや四字熟語もあるよ。

ドン
ドン

●にた意味の四字熟語

・一挙両全　・一挙両得（35ページ）　・漁夫之利

●反対の意味のことわざ

・虻蜂取らず　・二兎を追う者は一兎をも得ず

問題15　右の□の中に入る漢字は何？　茫然□失

一朝一夕

一朝……ひと朝
一夕……ひとばん

意味

ひじょうに短いわずかな時間。少しの間。

由来

ひと朝をあらわす「一朝」と、ひとばんをあらわす「一夕」を合わせた言葉。

使い方

家族みんなで、ミュージカルを観にいった。父は、「あのすばらしい歌やおどりの技術は、一朝一夕で身についたものじゃない」と、感心していた。

まめちしき

一朝一夕の後には、「～ない」などの打消しの言葉が来ることが多いよ。ひとつのものごとを達成したり作りあげたりするためには、短い時間ではとても足りない、そんなにかんたんにできるものではない、という意味で使われることが多いからなんだ。「電光石火」も短い時間を意味する四字熟語だけど、こちらは「電光石火の早わざ」など、早くてすごい！というときに使うことが多いよ。

●にた意味の四字熟語

・電光石火（204ページ）

問題16 右の□の中に入る漢字は何？　満場□致

一長一短

一長……長所
一短……短所

意味

ひとつのものごとに、良いところも悪いところも同時にあって、完ぺきではないということ。長所と短所があること。

由来

この場合の「一」は、ひとつの長所と、ひとつの短所があるという意味ではなく、「ある面は～」という意味をあらわしている。

使い方

このマンガはとてもためになるけど、面白くてついつい夜おそくまで読んでしまう。これでは寝不足になるので、一長一短だ。

ぼくのお母さんは何をするにもすばやい
サッ
サッ
とんとん

でも気も短い
早く学校行きなさい！
一長一短だ

まめちしき

「一長一短」「一朝一夕」「一世一代」など、「一○一○」というパターンの四字熟語はたくさんあるよ。いくつ見つけられるかな。

●にた意味の四字熟語

- 一利一害
- 一得一失

問題16の答え　一

一刀両断

一刀……刀のひとふり
両断……ふたつに切る

意味
ものごとをすばやく決断したり、思い切ってさっとやったりすること。

由来
刀をひとふりして、ものを真っぷたつに切ることから。

使い方
一年生の子たちがもめていたので、六年生のお兄さんが話を聞いて、一刀両断に解決してくれた。

まめちしき

中国の儒学者、朱子の言葉をまとめた『朱子語類』という本の中に、こんな話が出てくるよ。「かしこい人は、人々の将来を心配するときは、食事を忘れるほど心配し、楽しいことをするときは、なやみを忘れて楽しいことに打ちこむ」。こんな生き方を、一刀両断という言葉であらわしているんだ。

●にた意味の四字熟語

・快刀乱麻（63ページ）

問題17 右の□の中に入る漢字は何？　一望□里

意味深長

意味……考え・内容
深長……深みがある

意味
言葉や文章、人のたいどなどに、表面とは別の意味がかくされているようす。

由来
「深長」で深い意味やふくみがあるという意味から。

覚え得！
「深長」を「慎重」や「身長」と書きまちがえないように。

慎重
身長

使い方
理科の時間、先生が、「今度のテストの前には、夜空をよく観察しておくといいかもよ」と意味深長なことを言った。

●にた意味の四字熟語
・意在言外

まめちしき
意味深長は、「意味深」と省略して使われることもあるね。このように、言葉が省略して使われることはたくさんあって「省略語」「略語」とよばれるよ。ふつうの言葉だと思って使っていても、実は省略語だったというものもたくさんあるんだ。言葉の意味を考えて、省略語をさがしてみるとおもしろいよ。

問題17の答え 千

あ

因果応報

因果……原因と結果
応報……結果を受ける

意味

良い行いからは良い結果が生まれ、悪い行いからは悪い結果が生まれるということ。行いと結果の間には、関係があるということ。

由来

前世(過去)に行ったことのむくいを現世(現在)で受け、現世で行ったことのむくいを来世(未来)で受けるという仏教の考えからできた言葉。

使い方

家族四人で食べようと思って冷蔵庫に入れておいたプリンを、弟がひとりで食べてしまった。なんだかおなかがいたくなってきたと言っているが、因果応報だ。

まめちしき

前世、現世、来世がつながっているという仏教の考え。今、自分の身に起こることは、すべて生まれる前の前世に原因があると考えられていて、これを「因縁」とも言うよ。

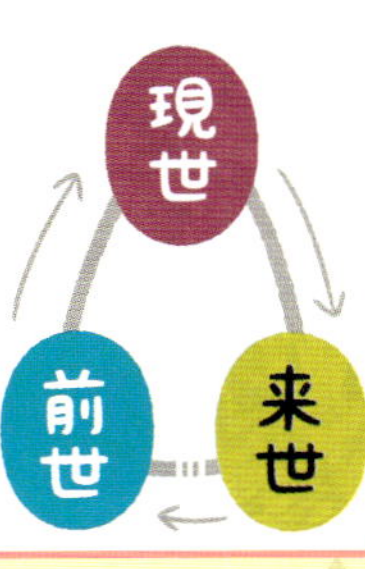

●にた意味の四字熟語

・悪因悪果
・善因善果
・自業自得(120ページ)

問題18 右の□の中に入る漢字は何? □用貧乏

右往左往

右往……右に行く
左往……左に行く

問題18の答え　器

やせるまでよ！

右往左往ダイエットの誕生である

意味

うろたえて、あっちへ行ったりこっちへ来たりするようす。また、たくさんの人が混乱して、あたふたと動きまわるようす。

由来

「往」は、行く。「右」「左」は、あっちこっちという意味。

使い方

出口がわからなくて、みんな右往左往している。

まめちしき

「往」が出てくる言葉に、「往生際が悪い」というのがあるよ。仏教の言葉で「往生」は死ぬこと、「際」はその境目のことで、「往生際が悪い」で、思い切りがなくあきらめが悪いという意味。よく使われる言葉だから覚えておこう。「往」は「行く」という意味のほかに、「昔」という意味もあるよ。「往年」は「すぎ去った昔」という意味で、「往年の大スター」のように使われるんだ。

●にた意味の四字熟語

・周章狼狽

●反対の意味の四字熟語

・泰然自若

問題19　右の□の中に入る漢字は何？　品行方□

海千山千

海千……海に千年
山千……山に千年

意味

長い年月にたくさんの経験を積んで、世の中のことを知りつくし、悪がしこくなっていること。また、そのような人。

由来

海に千年、山に千年住んだヘビは、リュウになるという中国の言い伝えからできた言葉。

使い方

近所の人に、あの店の主人は海千山千だから、気をつけなさいと、忠告された。

●にた意味の四字熟語

・海千河千　・千軍万馬
・百戦錬磨（238ページ）

まめちしき

たくさんの経験を積んで、したたかでずるがしこい人のことを言う言葉だから、経験ゆたかでたのもしいなどの、いい意味では使われないんだ。「海千河千」とも言うよ。にた意味の言葉に「百戦錬磨」があるけど、こちらは「多くの経験を積んできたえられた強者」と、いい意味でも使われるよ。

問題19の答え　正

栄枯盛衰

栄枯……栄えることと、おとろえること
盛衰……さかんになることと、おとろえること

意味

世の中のさまざまなものごとや人生は、良いときと悪いときをくりかえし、栄えたりおとろえたりして、たしかなものではないということ。

由来

「栄枯」は草木がさかんにしげることとかれること。「盛衰」もさかんなこととおとろえることで、同じような意味の言葉をならべて、意味を強調している。

使い方

あんなにたくさんあったハンバーガーショップが、次々と閉店している。栄枯盛衰とは言うけど、小さいころからよく行っていた店がなくなるのはさみしいものだ。

この界隈のボスはミケ

一年後、クロがやってきて
…ミケは去った

また一年後、ブチに負けて
…クロはいなくなった
そして、今…

この界隈のボスはカラスである！
栄枯盛衰だなぁ
ギャー

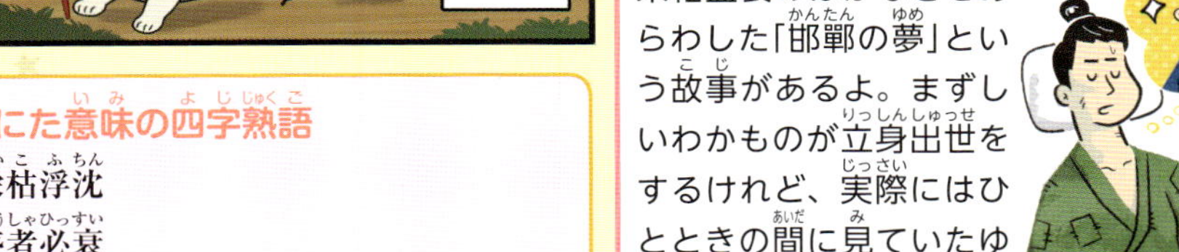

●にた意味の四字熟語

・栄枯浮沈
・盛者必衰

まめちしき

栄枯盛衰のはかなさをあらわした「邯鄲の夢」という故事があるよ。まずしいわかものが立身出世をするけれど、実際にはひとときの間に見ていたゆめだったという話なんだ。

問題20　右の□の中に入る漢字は何？　勇猛□敢

傍目八目

傍目……わきから見る
八目……八手先のこと

意味

まわりで見ている人のほうが、状況がよくわかり、正しい判断ができるということ。

由来

囲碁で、実際に対戦している人より、傍ら（そば）で見ている人のほうが、八目（八手）くらい先のことまでよくわかるということから。

覚え得！

「傍目」は「岡目」とも書く。

使い方

・兄は自分ではサッカーをしないが、いつも的確なアドバイスをくれる。傍目八目だ。
・恋愛は傍目八目で、まわりの人に相談すれば、すんなりうまくいくこともある。

●にた意味のことわざ

・他人の正目
・灯台下暗し

まめちしき

囲碁は、盤の上に白と黒の石をならべて、陣地をとりあう遊び。「八目」は、碁石８このことだよ。碁盤の目は、全部で361こもあるんだ。

問題20の答え　果

温故知新

温故……古いことを調べる
知新……新しいことを知る

意味
昔のものごとや、前に勉強したことなどをもう一度調べなおしたり研究したりして、そこから新しいものの見方や知識を得ること。

由来
論語の一節にある言葉。（まめちしきを見てね）

覚え得！
「温故」を「温古」と書きまちがえないように。

使い方
新製品のハンドクリームは、昔の人がはだにぬっていた薬草の成分を研究して、作られたらしい。まさに、温故知新だね。

まめちしき

儒教の開祖、孔子の言葉をまとめた書物『論語』に出てくる言葉だよ。「故きを温ねて新しきを知る」「故きを温めて新しきを知る」とも読むんだ。

日野とケンカしちゃった
仲直りしたいなぁ

●にた意味のことわざ
・故事は今を知る所以なり

●反対の意味の四字熟語
・記問之学

問題21 右の□の中に入る漢字は何？ 老若□女

まちがいさがし

●正しい四字熟語の上の四角に○をつけよう。まちがっている漢字には×をつけよう。

例

- □ 悪千苦闘（×）
- ○ 悪戦苦闘

①

- □ 一念発起
- □ 一年発起

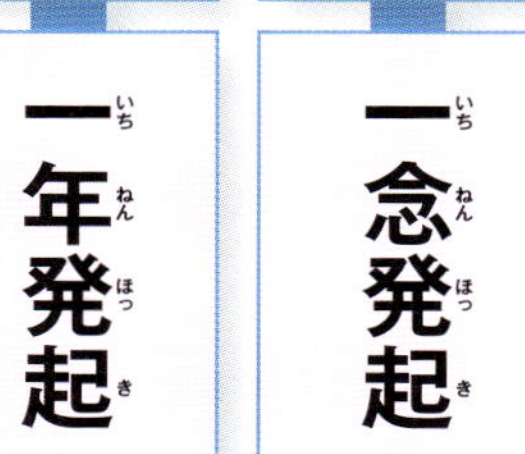

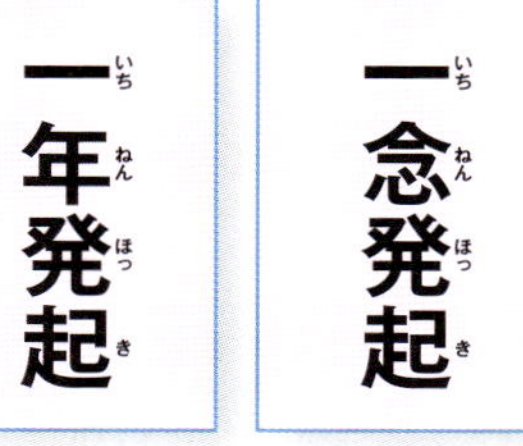

②

- □ 一触即発
- □ 一食即発

③

- □ 右王左王
- □ 右往左往

④

- □ 温故知新
- □ 温故知進

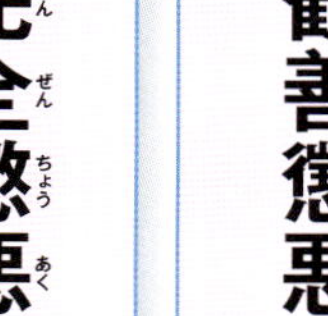

⑤

- □ 勧善懲悪
- □ 完全懲悪

二文字まちがっているものもあるピ！

⑥
五里霧中
五里夢中
⑨
単純明快
単純明解
⑫
不和雷同
付和雷同
⑦
時代錯語
時代錯誤
⑩
天下太平
天下大平
⑬
問答無用
間答無用
⑧
絶対絶命
絶体絶命
⑪
天変地位
天変地異
⑭
優勝劣敗
優秀劣敗
答え↓さかさまにして見てね。
① ○一念発起 一✕発起
② ○一触即発 一✕即発
③ 右✕左✕ ○右往左往
④ ○温故知新 温故知✕
⑤ ○勧善懲悪 ✕✕懲悪
⑥ ○五里霧中 五里✕中
⑦ 時代錯✕ ○時代錯誤
⑧ 絶✕絶命 ○絶体絶命
⑨ ○単純明快 単純明✕
⑩ ○天下太平 天下✕平
⑪ 天変地✕ ○天変地異
⑫ ✕和雷同 ○付和雷同
⑬ ○問答無用 ✕答無用
⑭ ○優勝劣敗 優✕劣敗

四字熟語のなかまわけ

はる兄ーっ!

ピピッ

サッ

サッ

晴人（はる兄）

サヤカとユウのいとこで古書店の店主

ピーッ

この人が四字熟語の達人ですピーッ!?

ぐるぐる

わーっ

何だいこれ？

問題21の答え　男

漢字って中国から伝わったものなんだよね？

そう！

よく知ってるねユウ

だから四字熟語も中国の文章からできたものが多いんだよ

史記

例えば「四面楚歌」とかね

四面楚歌

まわりがみんなてきで、ひとりも味方がいないこと。中国の歴史書『史記』に出てきた、故事からできた言葉。

(129ページを見てね)

問題22 右の□の中に入る漢字は何？ 二束三□

にた意味の言葉を組みあわせたもの

・一言半句 （25ページを見てね）

・完全無欠 （71ページを見てね）

・自由自在 （135ページを見てね）

・独立独歩…ほかの人の力をたよらないで、自分の思うとおりにすること。

四つの字がそれぞれ対等の関係にあるもの

・花鳥風月 （65ページを見てね）

・起承転結 （75ページを見てね）

・春夏秋冬…春と夏と秋と冬。四季。

・老若男女 （292ページを見てね）

反対の意味の言葉を組みあわせたもの

・右往左往 （50ページを見てね）

・外柔内剛…やさしくおだやかに見えるが、心の中は強くしっかりしていること。

・半信半疑 （235ページを見てね）

・不即不離 （243ページを見てね）

中国や日本の古い詩や文章からできたもの

・一衣帯水 （22ページを見てね）

・温故知新 （55ページを見てね）

・五里霧中 （101ページを見てね）

・盛者必衰…いきおいのさかんな者も、いつか必ずおとろえるということ。『平家物語』に出てくる言葉。

ペかーっ
例えばこれは意味や成り立ちから分けてみた場合だね
そうそう！

番外編

ほかにも漢字の組み合わせで分けてみると

上の2文字が同じ

・悠悠自適
（285ページを見てね）

・種種雑多
いろいろなものが入りまじること。

下の2文字が同じ

・意気揚揚
（18ページを見てね）

・前途洋洋
（173ページを見てね）

上の2文字と下の2文字が同じ

・是是非非
（164ページを見てね）

・津津浦浦
（198ページを見てね）

1文字目と3文字目が同じ

・自画自賛
（114ページを見てね）

・私利私欲
（147ページを見てね）

2文字目と4文字目が同じ

・以心伝心
（20ページを見てね）

・四苦八苦
（118ページを見てね）

1文字目と3文字目がペア

・東奔西走
（209ページを見てね）

・有名無実
（283ページを見てね）

2文字目と4文字目がペア

・勧善懲悪
（70ページを見てね）

・起死回生
（74ページを見てね）

いろんな分け方があるからさがしてみよう
ほかにも動物や数が出てくるものとかね
面白ーい!!
これならパズルみたいで楽しいかも
最近のオモチャはすごいな
オモチャじゃないっピー!!
ペかー

体に関する四字熟語＆ことわざ

四字熟語

全身全霊
▶体と心のすべて。

手練手管
▶人を思いのままにだましたりあやつったりするうで前。

破顔一笑
▶顔をほころばせて、にっこりと笑うこと。

ことわざ

頭かくしてしりかくさず
▶一部だけかくして、全部かくしたつもりになっていること。

かべに耳あり、しょうじに目あり
▶ないしょ話やひみつはもれやすいことのたとえ。

背に腹はかえられない
▶大切なことのためには、多少のぎせいはしかたがないということ。

のど元すぎれば熱さをわすれる
▶苦しいことでも、すぎてしまえばすぐにわすれてしまうということ。

仏の顔も三度
▶どんなにやさしい人でも、何度もひどいことをされればおこるということ。

目は口ほどに物を言う
▶目には、言葉と同じように気持ちを伝える力があるということ。

問題23 右の□の中に入る漢字は何？　針□棒大

開口一番

開口……口を開く
一番……一番はじめ

意味
口を開いたとたん。話しはじめる最初に。まっさきに。

由来
「開口」は口を開いて話しはじめること、「一番」は、まずはじめにという意味から。

覚え得!
落語などの寄席で、一番最初の出し物も「開口一番」と言う。

使い方
今日から、二学期が始まった。

朝の会で、先生は開口一番「さあ、今日からまた、気をひきしめていきましょう」と言った。

●にた意味の慣用句

・いの一番
・口を開く

まめちしき

口を開いて、話しはじめることは「開口」。では、その反対の「閉口」には、どんな意味があるかな？　口を閉じて何も言わないということから、手におえなくてこまるときや、言いまかされたり圧倒されたりして、言葉につまるときに「閉口する」と言うんだよ。

快刀乱麻

快刀……よく切れる刀
乱麻……みだれたあさの糸

意味

ふくざつにからみあった問題やこじれたものごとを、あざやかに処理すること。

由来

もつれたあさの糸を、刀でいきおいよくたち切るという故事から。「快刀乱麻をたつ」と使う。（まめちしきも見てね）

バッサリ！

使い方

クラスのみんなで消えた学級文庫について話をしていたら、先生が来て、快刀乱麻をたつ推理で、本を見つけ出してくれた。

あーっ
私のおまんじゅうが無くなってる！

ついさっきまであったのに
ふしぎだね
ぼく知らないよ

ケンイチ！
服の中にかくしたもの出しなさい！
！

お見通しか…
快刀乱麻をたつように解決する母であった

まめちしき

昔、中国の大臣が三人の子どもたちにみだれた糸をほぐすように言ったところ、ひとりの子どもが、いきなり刀をぬいて糸をたち切り、「もつれた糸は、切ってしまうべきだ」と言ったんだ。大臣は「この子は、正しく判断する力を持っている。きっと大物になるにちがいない」と喜んだそうだよ。

●にた意味の四字熟語

・一刀両断（47ページ）

問題24 右の□の中に入る漢字は何？　□手必勝

臥薪嘗胆

臥薪……たきぎの上で横になる
嘗胆……きもをなめる

意味 目的を達成するために、すすんで大変な苦労を重ねて、機会を待つこと。

由来 てきに仕返しをするために、すすんで苦労をしたという、中国の故事から生まれた言葉。（まめちしきを見てね）

使い方 去年、決勝で敗れて全国大会に行けなかった野球部の部員たちは、あれ以来、臥薪嘗胆の気持ちで練習にはげんでいる。

私もかたきをうつまでたきぎの上でねて胆をなめるぞ
おおっ臥薪嘗胆ですな！

イタタタ…
超いたい～～!!

うげっ!!
めっちゃ苦い～～!!

やっぱりや～めたっ♡
根性なしー!!

まめちしき

昔、中国で呉と越の国が戦争をしていたとき、父を殺された呉の国の王はてきをたおそうと決意した。そこでたきぎの上にねて、いたみを感じることで復讐心をかきたて、越を負かしたんだよ。次に越の国の王が、いつも苦いきもをなめることで負けたくやしさを思い出し、今度は呉の国を負かしたんだ。

●にた意味の四字熟語
・捲土重来

花鳥風月

花鳥風月……美しい自然の景色

意味

さきほこる花、さえずる鳥、さわやかな風、明るい月などの、美しい自然の景色。また、自然を題材にして詩を作ったり絵をかいたりする風流な遊びのこと。

由来

美しい自然の風景を代表する「花」「鳥」「風」「月」をならべて作られている。

覚え得！

「風月」を「ふうづき」と読みまちがえないように。

使い方

新しい町に、引っこしをした。ここは、いなかで少し不便だけれど、自然に囲まれていて、花鳥風月を楽しむことができるすばらしい町だ。

花鳥風月に代表されるように

日本の自然は美しい

でもきみはもっと美しい
サッ
好きです！

ごめんなさい
キザな人苦手なの
ガ〜〜ン
サクラ散る…

●にた意味の四字熟語

・春花秋月

まめちしき

これは、日本で生まれた四字熟語だよ。日本人は昔から、自然から季節のうつり変わりを感じて、それを楽しむ遊びをしていたんだね。

問題25 右の□の中に入る漢字は何？ 古今東□

我田引水

我田……自分の田んぼ
引水……水を引きいれる

意味
まわりのことを考えずに、自分にだけ都合が良いように、意見を言ったり行動したりすること。

由来
自分の田んぼにだけ水を引き入れるということから。

覚え得！
「我が田に水を引く」と読んで、ことわざのように使うこともある。

使い方
ぼくの家のカキの実が、「自分の家の庭にはみ出しているから」と、となりのおじさんが、全部とってしまった。いつも我田引水でこまっている。

まめちしき

田畑の作物を育てるのに必要な水を手に入れるのは、農家の人にとってとても重要なことだったんだ。ときには水をめぐったけんか「水争い」が起こることもあったんだよ。また、日照りのときは雨が降るように願う「雨乞い」もさかんに行われていたよ。

●にた意味の四字熟語

・得手勝手
・手前勝手

問題26 右の□の中に入る漢字は何？　一□不乱

画竜点睛

画竜……リュウの絵
点睛……ひとみをかく

意味

ものごとの重要なところに、最後に手を入れて仕上げをすること。

由来

「点睛」は、ひとみをかくこと。リュウの絵の最後に、ひとみをかきいれて完成させるという中国の故事から生まれた言葉。（まめちしきを見てね）

覚え得！

「点睛」を「点晴」と書きまちがえないように。

使い方

・この絵はとても上手でテーマもおもしろいが、仕上げがおろそかで、画竜点睛を欠いている。

・テストに名前を書き忘れるなんて、画竜点睛を欠いている。

うーん…

どうかしましたか？

まめちしき

昔、絵の名人がみごとなリュウの絵をかいたけれど、ひとみがかかれていなかった。人々に言われて名人がひとみをかいたところ、リュウはたちまち動きだし天にのぼっていってしまったそうだ。

●にた意味の四字熟語

・点睛開眼

●反対の意味のことわざ

・仏作ってたましい入れず

問題26の答え　心

冠婚葬祭

冠……元服
婚……婚礼
葬……葬儀
祭……祭礼

意味

昔から、もっとも重要だと考えられてきた、成人式、結婚式、葬式、先祖の祭りの四つの儀式のこと。

由来

「冠」は元服で昔の成人式、「婚」は結婚式、「葬」は葬式、「祭」は法事などなくなった先祖をまつる儀式をあらわしている。

使い方

一番上の兄は、この春に高校を卒業した。今日は、冠婚葬祭のときに必要だからと、デパートにスーツを買いに行くらしい。

成人式に
結婚式、
お葬式に
法事――
いろんな
儀式が
あるのよ
うわ～
そんなに
いろいろ…

めんどうだから
まとめてやっちゃおう！
寿

●にた意味の熟語

・慶弔

まめちしき

「冠」は元服のこと。元服は、昔の男の子の成人の儀式で、13～16才ごろに服やかみ型を変えて、かんむりをかぶり、大人の仲間入りをしたんだよ。

問題27　右の□の中に入る漢字は何？　五臓□腑

勧善懲悪

勧善……良いことをすすめる
懲悪……悪をこらしめる

意味

良い行いをするようにはげまし、悪い行いをやめるようにこらしめること。

由来

「勧」と「懲」は、すすめることと、こらしめること。良いことと悪いこと。「善悪」は、良いことと悪いこと。

覚え得！

「勧善」を「完全」と書いたり、「懲悪」を「徴悪」と書いたりしないように。

使い方

ぼくは、ヒーローの出てくるえいがやマンガが大好きだ。でも、現実の世界では、勧善懲悪とはいかないこともたくさんあるみたいだ。

ゼンダーパーンチ！
ギャー

スミマセンなのだ
もう悪いことするなよ
勧善懲悪すっきりした～

しかし悪者もやられる前にあやまればよかったのにね
はっ

スミマセンなのだ…
うむ…

にた意味の言葉

・弱きを助け強きをくじく

まめちしき

せいぎの味方がてきをやっつけるヒーローものや、人々を苦しめる悪者がさばかれる時代げきは、「勧善懲悪の物語」の代表的なものだね。

完全無欠

完全……足りないところのないこと
無欠……欠けたところのないこと

意味

欠点や不足しているところがないこと。かんぺきで、非の打ちどころがないようす。

由来

「完全」も「無欠」も、欠けたところがないという意味。同じような意味の言葉をふたつ合わせることで、意味を強調している。

覚え得！

「無欠」を「無血」と書きまちがえないように。

使い方

私の姉は、やさしくて美人で、勉強もよくできる。これで運動もできれば完全無欠だけど、運動が得意じゃないことは自他ともにみとめている。

ジュー
かっこよくて…
やさしくて…

力持ち！

ユイちゃんのパパは完全無欠だね

キャ
そうでもないよ
チュー

まめちしき

「無欠」が出てくる四字熟語に、「金甌無欠」というのがあるよ。これも、完全で欠点がないことだけど、特に、外国からの侵略を受けたことがない、しっかりした国や王様をたとえるときに使うんだ。

金甌無欠

●にた意味の四字熟語

- 金甌無欠
- 十全十美

問題28 右の□の中に入る漢字は何？ 異口同□

閑話休題

閑話……むだ話
休題……話をやめる

意味

むだ話などをやめて、話を本すじにもどすときに使う言葉。「さて」「それはともかく」「それはさておき」「ともあれ」などの意味。

由来

むだ話やひまなときにする話をあらわす「閑話」と、話をやめたり話題を変えたりするという意味の「休題」を合わせた言葉。

使い方

このように、にた意味を持つ言葉をいろいろとさがすのもおもしろいですね。さて閑話休題、先ほどの四字熟語の話にもどります。

まめちしき

「閑」には、ひまや用事のない静かなときという意味があるよ。「閑話」は、むだ話という意味だけでなく、心の落ち着く静かな会話という意味もあるんだ。

●反対の意味の慣用句

・横道にそれる
・わき道にそれる

問題28の答え　音

か

危機一髪

危機……きけん
一髪……一本のかみの毛

意味

少しまちがえれば、助かるかどうかわからない、とてもきけんな状態。また、すぐそこにきけんがせまっているようす。

由来

「一髪」は、かみの毛一本のこと。きけんな状態を、かみの毛一本でとても重いものを引っぱることにたとえたことから。（まめちしきを見てね）

覚え得！

「一髪」を「一発」と書きまちがえないように。

使い方

危機一髪のところで、助っ人が来てくれて助かった。

まめちしき

もともとは、「かみの毛一本で18トンもの金を引くほどきけんな状態だ」という、中国の唐の時代の文筆家、韓愈の言葉からできたんだよ。

●にた意味の四字熟語
・一触即発（37ページ）　・一髪千鈞

●にた意味の三字熟語
・間一髪

問題29 右の□の中に入る漢字は何？　公□無私

起死回生

起死……生き返る
回生……生き返る

意味

今にもだめになりそうな絶望的な状態を立て直し、一気にいきおいをもり返すこと。

由来

「起死」も「回生」も、死んでしまいそうな状態から生き返らせるという意味。同じような意味の言葉をふたつ合わせて、意味を強調している。

覚え得!

「回生起死」とも言う。

使い方

九回のうら、三点リードされていたが、満塁になった。ここで一発ホームランを打てば、起死回生で逆転のチャンスだ!

おしっこしたいのに
トイレがない～

まめちしき

「起」という字は、「走」と「己」で、できているね。「走」は、足の動作をあらわしていて、「己」は、曲がりながら起きあがるようすをあらわしているよ。漢字のなりたちを調べてみるのもおもしろいね。

●にた意味の四字熟語

- 回生起死
- 起死再生

起承転結

転…転句　起…起句
結…結句　承…承句

意味
文章やものごとの、始めから終わりまでの組み立てや展開のこと。

由来
絶句という、四つの句からなる漢詩の言葉のならべ方のことをあらわしている。（まめちしきも見てね）

使い方
昨日書いた作文は、「起承転結がよく考えられているね」と、先生からほめられた。

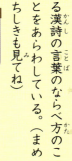

●にた意味の四字熟語
・起承転合

まめちしき
「絶句」では、次のように言葉をならべる決まりがあるよ。第一句（起句）…テーマを起こす、第二句（承句）…一句の内容を続ける、第三句（転句）…内容を変化させる、第四句（結句）…全体をまとめてうまく結ぶ。ここから、面白い文章の組み立て方として、この「起承転結」がよく言われるようになったんだ。

問題30　右の□の中に入る漢字は何？　不□不死

疑心暗鬼

疑心……うたがう心
暗鬼……暗やみの中のおに

意味

うたがいの心があると、なんでもないことまで、おそろしく感じるようになること。

由来

うたがいの心があると、暗やみの中に、いるはずのないおにが見えてくることから。

使い方

祖母のところに、サギの電話がかかってきた。それ以来、祖母は電話がかかってくるたびに、だまされているのではないかと、疑心暗鬼になっている。

何これ？　ひどい！

だれ？　さっき弟のおかし食べたから？　それとも昨日お母さんのバカって言っちゃったから？

PANDA
やだ、もう疑心暗鬼！　みんなあやしく思えてきたよ～
信じられるのはタマだけ……ん？

犯人は、キミか……
くるっ
？

まめちしき

中国の古い書物『列子』の中に出てきた、「疑心、暗鬼を生ず」という言葉が四字熟語になったんだよ。「暗鬼」は、暗やみにひそむおばけのこと。中国でいう「鬼」は、日本のように角を生やしてトラの毛皮のパンツをはいたおにではなくて、死んだ人のたましいや、悪い霊のことをさしているんだ。

●にた意味の四字熟語

・杯中蛇影

奇想天外

奇想……きばつな発想
天外……空のはるかかなた

意味

ふつうでは思いつかないような、きばつで変わった考えや発想のこと。

由来

変わった考えをあらわす「奇想」と、空のはるかかなたのことで、思いもよらない場所という意味の「天外」を合わせた言葉。

使い方

いつも奇想天外なことばかり言っていた友だちは、大きくなっていだいな発明をして有名になった。

西遊記って奇想天外な物語でおもしろかったー！
西遊記

どうもありがとう！
ドロ〜ン
やっぱり奇想天外だ!!

まめちしき

「奇想天外より落つ」という言葉が省略されたものだよ。空から落ちてくるくらい、きばつな考えということからきてるのかな。にた意味の言葉に「人の意表を突く」というのがあるよ。これは、相手がまったく考えていないような、予想外のことをするという意味なんだ。

●にた意味の慣用句

・意表を突く

●反対の意味の四字熟語

・平平凡凡（251ページ）

問題31　右の□の中に入る漢字は何？　□光石火

喜怒哀楽

喜……喜び
哀……悲しみ
怒……いかり
楽……楽しみ

キーンコーンカーン

今のは「耐える」かな…

トイレ〜!!

いえ、喜怒哀楽じゃおさまらないみたいです

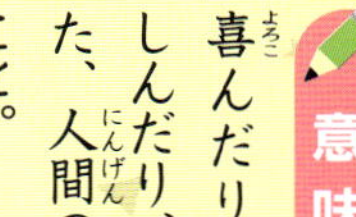

意味

喜んだり、おこったり、悲しんだり、楽しんだりといった、人間のいろいろな感情のこと。

由来

「喜」「怒」「哀」「楽」の四つで、「人間の持つすべての感情」という意味になることから。「哀」は、悲しみのほかにも、あわれむなどの意味がある。

覚え得!

「哀楽」を「愛楽」と書きまちがえないように。

使い方

となりのおじさんは、ふだん喜怒哀楽をおもてに出さない人だが、まいごになったかい犬がもどってきたときは、おどりあがって喜んでいた。

まめちしき

「喜怒哀楽」は、だれもが持っている人間のすべての感情をあらわしているよ。おどろいたり、こわがったり、くやしがったり、はずかしがったり、だれかを好きと感じたり……、人間は、たくさんのふくざつな感情を持っているんだね。

●にた意味の四字熟語

・悲喜交交

問題32 右の□の中に入る漢字は何？　□骨砕身

牛飲馬食（ぎゅういんばしょく）

牛飲……ウシが飲む
馬食……ウマが食べる

意味
一度に、たくさん飲んだり食べたりすること。

由来
ウシがたくさん水を飲み、ウマがたくさん草を食べることから。

使い方
父は、健康診断で太りすぎだと言われてから、今までのように牛飲馬食をしないようになった。

お母さんのお料理はおいしいね！
ありがとう♡

パク
パク
パク
パク
ちょっと食べすぎじゃない？
大丈夫！大丈夫！

食べすぎて苦しい…
そういうの牛飲馬食って言うのよ…

グガー
ゴァー
ねているすがたもウシにそっくりだわ

まめちしき

ウシやウマが出てくる四字熟語は、「一牛鳴地」「千軍万馬」など、ほかにもたくさんあるんだ。また、「牛飲馬食」と同じような意味の言葉で、水をたくさん飲む動物をクジラにたとえた「鯨飲馬食」というのもあるよ。生き物の出てくる四字熟語は、178～181ページにものっているから、見てみよう。

●にた意味の四字熟語

- 鯨飲馬食（げいいんばしょく）
- 痛飲大食（つういんたいしょく）
- 暴飲暴食（ぼういんぼうしょく）

旧態依然

旧態……古いありさま
依然……もとのままである

意味
昔のままで、ようすがまったく変わらないこと。少しも進歩や発展がないこと。

由来
「旧」は古いことで、「態」はすがたやようす、「依然」は、もとのままで変わらないという意味から。

覚え得！
「旧態」を「旧体」と書いたり、「依然」を「以前」と書いたりしないように。

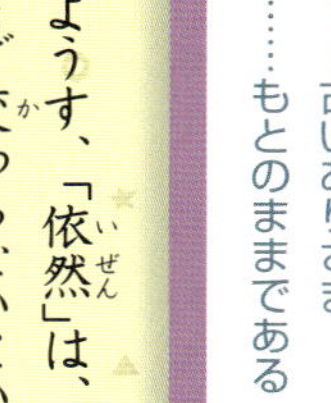

使い方
父のつとめている工場は、旧態依然なやり方を改善しようとしないので、父は「時間ばかりかかって効率が悪い」と、なげいている。

この工場は旧態依然
何も変わっとらん
プンプン

まめちしき
にた意味の四字熟語に、「保守退嬰」というのがあるよ。「保守」は今までのやり方を守ろうとすることで、反対の意味の言葉は「革新」。ニュースでもときどき聞く言葉だね。

●にた意味の四字熟語
・時代錯誤（122ページ）
・保守退嬰

問題33　右の□の中に入る漢字は何？　内憂□患

急転直下

急転……急に転じる
直下……まっすぐ下りる

意味

今まで行きづまっていたものごとが急に変化し、終結に向かうこと。

由来

成り行きが急に変わることをあらわす「急転」と、一直線に下ることをあらわす「直下」を合わせた言葉。

覚え得!

ものごとが解決したり、良い方向に向かったりするときに、使うことが多い。

使い方

・時効直前に犯人が見つかったことで、このまま迷宮入りすると思われた事件は、急転直下、解決に向かった。
・急転直下の展開で、クラスのいざこざは終わりになった。

まめちしき

「転」は、回転したり転んだりするという意味だけでなく、変わる、反対になるという意味もあるんだ。動詞になると、「転ずる」「転じる」と言うよ。

迷宮入りかと思われていたこの事件も…
犯人はだれなんでしょうねぇ…!?

急転直下……
犯人が自首して来ました—!
本当ですか!?

うじゃうじゃ…
しかもこんなにおおぜい……
!?

●にた意味の四字熟語

・一瀉千里

器用貧乏

器用……うまくできる
貧乏……何もない

意味

何をしてもそれなりにうまくできるために、ひとつのことに集中できず、どれもちゅうとはんぱになり大成しないこと。また、特にこれぞというものがないこと。

由来

ものごとをうまくこなす意味の「器用」と、何も持っていない意味の「貧乏」を合わせた言葉。

使い方

父は「自分は器用貧乏だから成績は悪くなかったがこれと言って人にじまんできるものがない」と言っている。

パパは器用貧乏でねぇ…

オレは器用マン！
パワー・スピード・テクニック！
バッ

すべてを
バランス良く
かねそなえているんだ
えいやー！

オレは力だけは
世界一強い
パワーマン！

エイ！
ポーイ
器用貧乏マンに
改名します…

まめちしき

にた意味のことわざに、「多芸は無芸」や「何でも来いに名人なし」などがあるよ。英語でも、にたことわざがあるんだ。“Jack of all trades and master of none.”と言って、あらゆる仕事に手を出す人は、一芸に秀でることはないという意味だよ。

●にた意味のことわざ

・多芸は無芸
・何でも来いに名人なし

問題34 右の□の中に入る漢字は何？ 主□転倒

興味津津

興味……ひきつけられること
津津……わきでる

意味
興味や関心が次々とわいてきて、つきないこと。

由来
「興味」は、相手にひきつけられること。「津」は、水が多量にわきでるという意味。ふたつ重ねて意味を強調している。

覚え得！
「津津」を「新新」や「深深」と書きまちがえないように。

使い方
来週から、ぼくたちのクラスに転校生が来ることになった。どんな子がやって来るのか、みんな興味津津で待っている。

新しく来る先生、どんな人かな？

興味津津だね！

まめちしき

「津」の字は、港や船着き場という意味。人がたくさん集まる場所という意味もあるよ。「さんずい」は、流れる水の形からできたんだ。

●反対の意味の四字熟語

・興味索然

玉石混交

玉石……宝石と石
混交……入りまじる

意味

すぐれたものと、つまらないものとが入りまじって区別がないこと。

由来

「玉」は宝石、「石」はただの石。それらがまじりあっているということから。

覚え得！

もともとは「混淆」と書くが「淆」の字は常用漢字ではないので、「混交」と書く。

使い方

この店の商品は玉石混交だ。

いろんなものがあるねぇ！
こっとう市

玉石混交の中から、宝を見つけるのが楽しいんだよ

細部をよく見て値打ちものかどうか見定めて…
じいちゃん！お宝あったよ！

ほら、すっごい値打ちものだよ～！
バケモンメダル
どれでも10円

●にた意味の四字熟語

・種種雑多

まめちしき

「常用漢字」は、ふだんの生活で使う漢字の目安として、国が決めた漢字のことだよ。小学校や中学校で習うのは常用漢字で、テレビのニュースや新聞でも、常用漢字が使われることが多いよ。今から100年くらい前に決められて、改良を重ね、今では2136字が定められているよ。

問題35 右の□の中に入る漢字は何？　朝令暮□

金科玉条

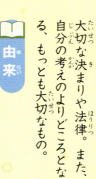

金科……大事なもの
玉条……大事な決まり

意味
大切な決まりや法律。また、自分の考えのよりどころとなる、もっとも大切なもの。

由来
とても大切なものをあらわす「金」「玉」と、守らなければならない決まりやおきてをあらわす「科」「条」を合わせた言葉。

覚え得！
「金科」を「金貨」と書きまちがえないように。

使い方
私は小さいころから祖父にとてもかわいがってもらった。祖父は去年なくなったが、私は「家族を大切にしなさい」という祖父の言葉を金科玉条にしている。

おお！この金貨はすごくイイ！
ヒッヒ…
これぞ「金貨極上」ですなぁ!!

ダメ～～!!

でたらめな四字熟語を使わない!!

これがこの本に登場するキャラクターの金科玉条よ！
ペコペコ…
すみませんすみません
平身低頭の図

まめちしき

「金科玉条」に出てくる「金」は黄金、「玉」は、宝石のこと。昔から、貴重なものや大切なもののたとえとして、よく使われるよ。

●にた意味の四字熟語
・金科玉律

問題35の答え　改

空前絶後

空前……以前にない
絶後……後にもない

意味

今までに一度も例がなく、これから先も絶対にありえないと思われるような、ひじょうにめずらしいこと。また、貴重でまれなこと。

由来

なにもないことをあらわす「空」と、なくなることをあらわす「絶」を合わせた言葉。「前」にも「後」にもないことという意味。

使い方

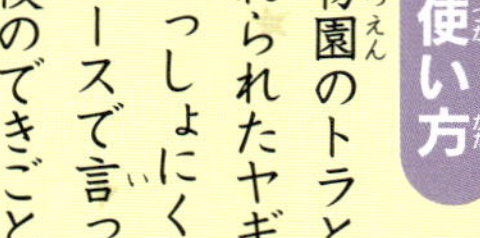

動物園のトラと、エサとして入れられたヤギが仲良くなっていっしょにくらしていると、ニュースで言っていた。空前絶後のできごとだ。

現場はここか！
シーン…

完全密室どころか被害者もいない！
こりゃ空前絶後の事件だ！

警部！
どうした？被害者を発見したか？

現場はとなりです
なに!?

まめちしき

「空」という漢字は何もないということをあらわすよ。「空しい」というのは、心がからっぽになったような気持ちのことだよ。

●にた意味の四字熟語

・前代未聞（171ページ）

●にた意味の三字熟語

・未曾有

問題36　右の□の中に入る漢字は何？　危□一髪

月下氷人

月下……月下老人の略
氷人……氷の上と下の人

意味

仲人（結婚のときに、ふたりの中をとりもつ人）。男女の縁をとりもつ人。

由来

「月下老人」と「氷人」という、ふたつの中国の故事を合わせてできた言葉。（まめちしきも見てね）

覚え得！

「月下美人」と書くと、花の名前になるので、まちがわないように。

使い方

母は、テニスクラブのコーチをしている。そこの生徒さん同士が結婚することになったので、母が月下氷人の役をすることになった。

まめちしき

「月下老人」は月夜に会った老人から結婚相手を予言されたという話。「氷人」は氷の下にいる人と話したゆめが、仲人をする前ぶれであるという話だよ。

●にた意味の四字熟語

・月下老人

●にた意味の三字熟語

・媒酌人

問題36の答え　機

言行一致

言行……言うことと行うこと
一致……同じになる

意味
口で言うことと、実際に行うことが合っていて、食いちがいがないこと。

由来
口で言うことと行うことをあらわす「言行」と、ふたつ以上のものが同じになることをあらわす「一致」を合わせた言葉。

使い方
兄はいつも、「言行一致が大切だよ」と言っている。その言葉通り、兄は言ったことを最後までかならずやり通すので、ぼくも見習おうと思う。

宣言通り、一位をとりました！
かっこいい
まさに言行一致だな

うおー
おれも今度の大会で一位になるぜ！

オレぜったいに一位になるぜ
楽勝さ

なんでダメだったんだ……
言うだけで、努力が足りなかったな！
1
2
3

●にた意味の四字熟語
・形名参同

まめちしき
「言行一致」の「行」は、「こう」と読むね。「行」は、「い(く)」「こう」「ぎょう」と読むことが多いんだ。さて、ここでクイズ！「行脚」は何て読むかな？ 答えは「あんぎゃ」。おぼうさんが全国を歩いて修行の旅をすることを言うよ。めずらしい「行」の読み方だね。

問題37 右の□の中に入る漢字は何？ □我夢中

厚顔無恥

厚顔……面の皮が厚い
無恥……はじ知らず

意味

他人のめいわくを考えずに、自分の都合だけでずうずうしく行動すること。また、厚かましく、はじ知らずなようす。

由来

厚かましいことをあらわす「厚顔」とはじ知らずなことをあらわす「無恥」を合わせた言葉。

覚え得！

「無恥厚顔」とも言う。

使い方

駅で電車を待っていたら、平気で列にわりこんできた人がいた。ひどく厚顔無恥なたいどだったので、私の父が注意していた。

あの子ってば厚顔無恥なのよ！
私のかさ、半年以上も返してないの！

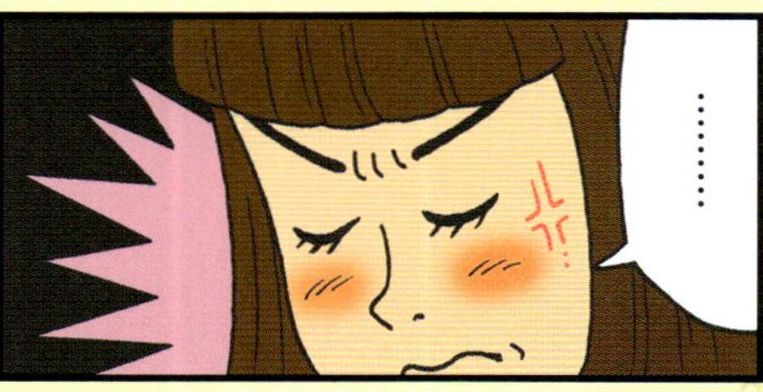

………

あのかさは私があなたに一年前にかしたかさでしょ――！

それをわすれて人にかすなんて、あなたこそ厚顔無恥よっ!!
ご、ごめんなさ～い！

●にた意味の四字熟語
・無恥厚顔

●反対の意味の四字熟語
・純情可憐

まめちしき

どうして「厚顔」でずうずうしいという意味なのかな。顔の皮が厚いと、はずかしいときも赤くならずに平気に見えるから、はじ知らずなことを、「面の皮が厚い」と言うんだよ。

問題37の答え　無

荒唐無稽（こうとうむけい）

荒唐……とりとめがない
無稽……考えがない

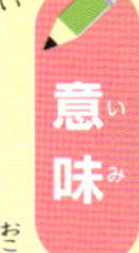

意味
言うことや行うこと、考えがいいかげんなこと。また、根拠がなくでたらめなこと。

由来
「荒」はあれていること、「唐」はでたらめ。「稽」は考えることという意味から「無稽」で考えがないこと。

使い方
かれはいつも荒唐無稽なことばかり話している。外国に行った話をよくしているけれど、どれだけ本当かあやしいものだ。

岩がとけて
川になって
太陽さんが
水びたしで〜

お母さんの
おなかがふくらんで
ギャハハハ！
トンネルが
明日につながって〜

幼児の話は
荒唐無稽だが…
うん
うん
カキ
カキ
メモ

小説家
「トンネルが
明日に」か〜
執筆のヒントになる
息子よ！ありがとう！

まめちしき

習いごとのことを「おけいこ」と言うよね。漢字で書くと「お稽古」だよ。「稽」という字には、考え調べるという意味があるから、「稽古」は、昔のものごとを考えて調べること。そこから、何かを学んだり練習したりすることを「おけいこ」と言うようになったんだ。

●にた意味の三字熟語
・頓珍漢

●反対の意味の四字熟語
・正真正銘（144ページ）

問題38　右の□の中に入る漢字は何？　旧態依□

公平無私

公平……平等である
無私……自分を無くす

意味
一方にかたよらず、自分勝手な気持ちを持たないこと。

由来
「公平」は平等にあつかうこと。「無私」は、自分の利益にとらわれたり、好ききらいの感情を持ったりしないこと。中国の古い書物『韓詩外伝』に出てきた言葉。

覚え得！
「無私」を「無視」と書きまちがえないように。

使い方
父は、プロ野球の審判の仕事をしている。父に仕事で大切なことを聞くと、「いつでも、公平無私でいることだよ」と答えてくれた。

●にた意味の四字熟語
・公明正大（93ページ）　・不偏不党

●反対の意味の四字熟語
・私利私欲（147ページ）

まめちしき

「無私」とにた意味の言葉に「無我」があるよ。「無我」には、自分勝手な心を持たないという意味だけじゃなく、われをわすれるという意味もあって、「無我夢中」などの四字熟語にも使われているね。

問題38の答え　然

公明正大

公明……公平である
正大……正しく堂々としている

意味

公平でやましいところがなく、だれが見ても正しく堂々としていること。

由来

「公明」も「正大」も、正しく堂々としているということ。ふたつ重ねて意味を強調している。

覚え得！

「公明」を「高明」と書いたり、「正大」を「盛大」と書いたりしないように。

使い方

先生は公明正大なのでクラスのみんなに好かれている。

まめちしき

「公明正大」の「公」は、「おおやけ」と読んで、国や社会、世間のことをあらわすよ。反対の意味の漢字は「私」。「公立」と「私立」、「公営」と「私営」など、対になる言葉も多いよ。「公私混同」と言うと、学校や社会などの「公」と、家や個人的なことの「私」を、区別せずにあつかうことだよ。

児童会長選抜演説
私は……

公明正大をモットーにがんばります
みなさん清き一票を♡

児童会長選抜演説
かわいい
やばい
かわいい

ぽーーー…
一票入れたって言ったら、友だちになってくれるかな
投票する理由はとても公明正大とは言えなかった……

●にた意味の四字熟語

・公平無私（92ページ）
・正正堂堂（160ページ）

問題39 右の□の中に入る漢字は何？ 七転□倒

呉越……呉の国と越の国
同舟……同じふね

このお宝はオレたちがもらってゆくぜ――っ!!

それが目的だったのか――っ!!

あばよー！

桃太郎

意味

仲の悪いものやてき同士が、同じ場所にいあわせること。また、てき同士が、共通の困難や利害に対して協力しあうこと。

由来

てき同士だった呉の国と越の国の男が、同じふねに乗ったとき、あらしにあい、協力して危機を乗りこえたという中国の故事からできた言葉。（まめちしきも見てね）

覚え得！

「同舟」を「同船」と書きまちがえないように。

使い方

今日の試合の対戦相手と行きのバスがいっしょになり、呉越同舟の気分だ。

まめちしき

呉と越は、昔の中国にあった国。このふたつの国はてき同士で、長い間何度も戦いをくりかえしていたんだよ。そこから、「呉越」と言うと、きわめて仲が悪いことをあらわす言葉になったんだ。

●にた意味の四字熟語

・楚越同舟

問題40 右の□の中に入る漢字は何？　大□小異

国士無双

国士……国の中ですぐれている人
無双……ふたつとない

意味
国の中で、ほかにくらべる人がいないほどすぐれた人物のこと。

由来
国の中で特にすぐれている人をあらわす「国士」と、ならぶものがないほどすぐれていることをあらわす「無双」を合わせた言葉。

覚え得！
「士」は、りっぱな男子のこと。「国士」を「国史」や「国司」と書きまちがえないように。

使い方
あの横綱は、今場所で、もう二十回も優勝している。今では、だれもがみとめる国士無双の力士と言えるようになった。

ぼくのお兄ちゃんはめちゃくちゃ足が速い！

中学生の全国大会もぶっちぎりで優勝
ワー
ワー
1
2
3
あまりの強さに国士無双と言われている

それにくらべ…

ハアハア
よろよろ
……ぼく死にそう……

●にた意味の四字熟語
・古今無双

まめちしき
昔の中国の歴史家、司馬遷が書いた『史記』に出てきた言葉だよ。司馬遷は、わかいときから中国のいろいろな地方を旅して、古い記録などを集めたと言われているよ。

問題40の答え　同

古今東西

古今……昔と今
東西……東と西

意味

昔から今まで、ずっと。世界中、いつでもどこでも。

由来

「古今」は、昔から今までいつでもという意味で時間をあらわし、「東西」は、東から西までどこでもという意味で空間をあらわしている。

使い方

校庭からめずらしい化石が発見された。学者が調べに来て、古今東西さがしてもこんなお宝は見つからないと、大さわぎだった。

この子だれっ!?

すごくかわいい子だ！
そうかしら？

こんなかわいい子古今東西どこにもいないよ！

これお母さんがわかいころとった写真よ♡

まめちしき

「古今」のつく言葉で「古今未曾有」という熟語があるよ。これは、「昔から今にいたるまで一度も起こったことがないこと」という意味。「未曾有」だけでも、いまだかつて起こったことがない、という意味があって、おどろくような事件が起こったときに、「未曾有の事件」などと使われるよ。

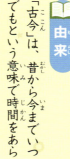

●にた意味の四字熟語

・往古来今

問題41 右の□の中に入る漢字は何？　日進月□

虎視眈眈

虎視……トラの目つき
眈眈……目をすえる

意味

ねらいを定めて、じっと良い機会をうかがっているようす。

由来

「虎」はトラのこと。トラがするどい目つきでえものをねらうようすから。

使い方

あのピッチャーは、無口でおとなしそうに見えるけれど、実は次期エースの座を虎視眈眈とねらっているといううわさだ。

面白そうなドラマだな
そうなんだよ

この大臣は王様の命を
虎視眈眈とねらっていて…

あ!!
さっきから、タマが虎視眈眈とねらっていたぞ!

まめちしき

「虎視」の出てくる四字熟語にはほかにも「竜驤虎視」というのがあるよ。これはリュウのようにのぼり、トラのようににらむということから、「英雄が権威をふるうようす」をあらわすよ。リュウやトラは、昔から中国の物語によく出てくる動物だね。四字熟語やことわざにもたくさん出てくるからさがしてみよう。

●にた意味の四字熟語

・野心満満

後生大事

後生……死んだあとの世界
大事……大切にすること

意味

ものごとを、とても大切にすること。

由来

「後生」は、死んだあとにふたたび生まれ変わること、「大事」は、大切にするという意味。仏教からできた言葉。（まめちしきも見てね）

使い方

祖母は、わかいときに祖父からもらった手紙を、後生大事にしている。

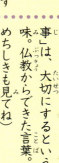

まめちしき

「後生」は、もともと仏教の言葉で、死んだ後にふたたび生まれ変わることを言うよ。「来世」「あの世」などとも言うね。後生の安楽を仏様にお願いすることから、だれかにお願いをするときに、「後生だから～してください」という言い方をすることもあるよ。

今までに見つけた宝物だど
太郎さんは古い物まで後生大事にとってあるのねー

あら きれいな箱！

中には何が入っているのかしら？
パカッ…

もくもく…
竜宮城でもらったんだ…
こ、この箱…？

●にた意味の慣用句

・掌中の珠

問題42　右の□の中に入る漢字は何？　□三暮四

五臓六腑

五臓……五つの内臓
六腑……六つの内臓

意味
はらの中。体の中。心の中。

由来
「五臓」は、心臓、肺臓、肝臓、腎臓、脾臓のこと。「六腑」は、大腸、小腸、胃、胆、膀胱、三焦(リンパ管)のこと。合わせて、おなかの中のもの全部という意味。

覚え得!
「五臓六腑にしみわたる」という使い方をすることが多い。

使い方

かぜをひいてねていたら、母が野菜スープを作ってくれた。温かいスープは五臓六腑にしみわたるおいしさで、少し元気が出てきた。

ピッピッピー!
試合終了～!

試合の後のスポーツドリンクって最高だな!
ゴクゴク
ゴクゴク
五臓六腑にしみわたるな!

ごめん! やっぱり先に帰っててくれない?

しみわたりすぎた……
ぐるる～
あー

まめちしき
内臓のことを、「はらわた」と言うね。「はらわた」が出てくる慣用句はたくさんあるよ。「はらわたがちぎれる」と言うと、たえられないほど悲しいこと。ほかにも「はらわたがにえかえる」「はらわたをたつ」など、意味を調べてみよう。

臓

●にた意味の熟語
・臓器
・臓腑

五里霧中

五里……五里の広さ
霧中……きりの中

意味

ものごとのようすや手がかりがつかめず、どうしてよいかわからないこと。また、心がまよって、考えが定まらないこと。

由来

深いきりの中にいて何も見えないということから。仙人が五里四方に立ちこめるきりを起こしたという、中国の故事からできた言葉。

覚え得!

「霧中」を「夢中」と書きまちがえないように。

使い方

中国語を習ったが、知らない漢字だらけで五里霧中だ。

まめちしき

わけのわからない状態は「五里霧中」だけど、わけのわからない言葉や話のことは「ちんぷんかんぷん」と言うよ。江戸時代から使われるようになったんだ。

●にた意味の四字熟語

- 曖昧模糊
- 暗中模索（15ページ）

問題43 右の□の中に入る漢字は何？　優柔□断

言語道断

言語……言葉
道断……言いあらわせない

問題43の答え　不

意味
言葉では言いあらわせないくらい、ひどいこと。

由来
もともとは仏教の言葉で、仏の教えはとても深く、言葉ではとうてい言いあらわせないということから。

覚え得！
「道断」を「同断」と書いたり、「言語」を「げんご」と読んだりしないように。

使い方
友だちが、図書館で借りた本に落書きをしていたので、「借りたものに落書きをするなんて、言語道断だよ」と言って注意した。

まめちしき

もともとは、仏様のすばらしい教えはとても言葉では説明しきれない、という意味で使われていたんだよ。江戸時代のころから、だんだんと今のように、言葉も出ないほどひどいことという使い方に変わったんだ。

●にた意味の四字熟語
・問答無用（271ページ）

●にた意味の慣用句
・滅相もない

問題44 右の□の中に入る漢字は何？　□耳東風

やってみよう② 四字熟語かるたを作ろう

● 四字熟語のかるたを作ろう。

作り方（基本）

① 厚めの紙を四角く切って、読み札と取り札を同じ数だけ用意する。

たて80㎜、横60㎜くらいにすると、遊びやすいよ。

（うら）（おもて）

おもては白、うらは好きな色やもようにすると楽しいね。

② 読み札のおもてに、四字熟語の意味を書く。札いっぱいに大きく書こう。

一ぱいの汁物、一品のおかずだけの質素な食事のこと。

まわりにかざりをつけるとかわいいよ。

③ 取り札のおもてに、四字熟語と絵をかく。

一汁一菜

四字熟語の意味をあらわした絵をかこう。

①読み札に、四字熟語を使った文を書く。

みそ汁と
サケの塩焼き定番だ
わが家の朝の
一汁一菜

短歌や俳句のリズムで作ると読みやすいよ。

②取り札に、四字熟語と絵をかく。

基本の取り札と同じだよ。

発展2

①読み札に四字熟語を書く。

一汁一菜

基本の読み札や、発展1の読み札にかえても遊べるよ。

②取り札に四字熟語の意味をあらわした絵をかく。

ヒントになる言葉を書くなど、わかりやすくなるように工夫しよう。はじめの漢字を一字だけ書いたり、下の2文字をひらがなで書いたりするといいね。

たくさんあると
おもしろいピ。
みんなで少しずつ
分担して
作るといいピ！

ピッ

数の出てくる四字熟語

ガラ
ただいま
サヤカ、ユウ店番ありがと……
わぁ！

いっぱい出してきたなぁ店の本……
ごめん
あとでかたづけるから……
何してたの？
はる兄！
この間、いろんな種類の四字熟語があるって教えてくれたでしょ

問題44の答え　馬

一石二鳥 （43ページを見てね）

九死一生 ほとんど死にそうな状態から助かること。

五臓六腑 （100ページを見てね）

再三再四 くり返しくり返し。

三寒四温 （111ページを見てね）

舌先三寸 相手をあやつる、たくみな話し方のこと。

四方八方 あらゆる方角や方面のこと。

朝三暮四 （194ページを見てね）

二束三文 （220ページを見てね）

悪事千里 悪い行いやうわさはすぐに広まること。

海千山千 （52ページを見てね）

議論百出 いろいろな意見が出ること。

森羅万象 （156ページを見てね）

千差万別 （169ページを見てね）

波瀾万丈 （233ページを見てね）

百家争鳴 多くの人が自由に論争しあうこと。

百発百中 （240ページを見てね）

無礼千万 ものすごく失礼なこと。

問題45 右の□の中に入る漢字は何？　竜□蛇尾

一期一会
(24ページを見てね)
一喜一憂
(34ページを見てね)
一心不乱
(41ページを見てね)
一長一短
(46ページを見てね)
開口一番
(62ページを見てね)
危機一髪
(73ページを見てね)

言行一致
(89ページを見てね)
終始一貫
(134ページを見てね)
心機一転
(151ページを見てね)
千載一遇
(168ページを見てね)
満場一致
(262ページを見てね)
唯一無二
(278ページを見てね)

食べ物に関する四字熟語＆ことわざ

四字熟語

暴飲暴食
▶飲みすぎたり食べすぎたりすること。

無芸大食
▶ただ食べるだけで何のとりえもないこと。

ことわざ

くさってもタイ
▶本当に良いものは、だめになったようでも値打ちがあるということ。

ゴマメの歯ぎしり
▶力のないものがいくらくやしがっても、どうにもならないということ。

たなからぼたもち
▶何もしていないのに思いがけない幸運がやってくること。

ネコにかつおぶし
▶好きなものをそばに置いておくときけんだということ。

はっても黒豆
▶まちがいが明らかなのにそれをみとめないこと。

人はパンのみにて生きるにあらず
▶人間は、食べものなど物のゆたかさだけを目的に生きているのではないということ。

丸いたまごも切りようで四角
▶ものごとはあつかいかたによって、丸くおさまることも、もめることもあるということ。

千客万来かな

……この店お客さん来てるの見たことないもんね

晴空古書店

ガラーン

Pi

千客万来

たくさんの客がたえまなくやってくること。

問題46　右の□の中に入る漢字は何？　喜怒哀□

才色兼備

才色……才能と美しさ
兼備……かねそなえる

意味 才能と美しさの両方をかねそなえていること。

由来 「才」は才能、「色」は美しい見た目、「兼備」でふたつをあわせ持っているという意味から。

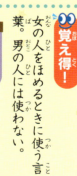

覚え得！ 女の人をほめるときに使う言葉。男の人には使わない。

使い方 林さんは、才色兼備で性格もやさしいので、人気者だ。

頭が良くて
美人のお姉ちゃんは…

まさに才色兼備！
だけどちょっぴりおっちょこちょい！
てへへ……

まめちしき

女の人をほめるときは、「才色兼備」を使うね。男の人をほめるときは、なんて言うかな？勉強もスポーツもできるという意味の「文武両道」、見た目がかっこいいという意味の「眉目秀麗」、ちえも勇気も持っているという意味の「知勇兼備」など、いろいろあるよ。「天は二物をあたえた」なんて言うのもいいね！

●にた意味の四字熟語
・才貌両全　・秀外恵中

●反対の意味のことわざ
・天は二物をあたえず

問題46の答え　楽

三寒四温

三寒……三日寒い
四温……四日あたたかい

意味

冬に、三日ほど寒い日が続いたあとで、四日ほどあたたかい日が続き、これがくりかえされる天候のこと。春に近づいていく時期のことを指す。

由来

三日間寒く、四日間あたたかい、ということから。

覚え得！

中国の北部や朝鮮半島で冬に見られる気候だが、日本では春先の気候の変化を指して使うことが多い。

使い方

三寒四温の時期なので、母は毎朝テレビで天気予報を見て、コートを着ていくかどうか考えている。

ビュー
ビュ
ここのところ三日ほど寒かったが

あったかーい！
ぽかぽかだね！

四日たったらまた寒くなった
三寒四温！春はもうすぐだよ！

まめちしき

「小春日和」という言葉は、11月ごろの、春のようにあたたかい日のこと。本当の春や、真冬のあたたかい日に使うのはまちがいなんだ。

●にた意味の四字熟語

・一陽来復

問題47 右の□の中に入る漢字は何？　一□一夕

三者三様

三者……三人
三様……三つの種類

意味

物のやり方や考え方が、人それぞれちがうということ。

由来

「三者」は三人の意味、三人の人がいれば、三つの考え方、やり方、形があるということから。

使い方

私は、両親といつも仲良し三人家族と言われている。だけど、好きな食べ物は、私はあまいもの、父は和食、母はエスニックと、三者三様だ。

まめちしき

「三者」のつく四字熟語には、ほかにも「三者鼎談」というのがあるよ。意味は、三人が向かい合って話をすること。「鼎」は物を煮たり、祭器として使ったりする器のことで、三本の足がついていることから、「鼎談」だけでも、三人が向かい合って話すという意味があるんだ。

●にた意味の四字熟語

- 各人各様
- 十人十色（136ページ）

問題47の答え　朝

三位一体

三位……三つのすがた
一体……ひとつの体

意味
三つの大事なものが、ひとつに結びつくこと。また、三人が協力すること。

由来
キリスト教の「父と子と聖霊は、ひとつである」という教えからできた言葉。（まめちしきも見てね）

覚え得！
「三位」を「さんい」と読みまちがえないように。

使い方
ぼくは野球クラブに入っている。今年の大会では、監督とコーチと選手が、三位一体となってがんばったので、みごと優勝した。

鈴木さんは、足が速い
ビュン

田中さんは、声が大きい

伊藤さんは、気が強い
この三人が三位一体となると

そうじ当番をサボることは不可能である！

まめちしき

キリスト教でいう三位は、創造主の神（父）、キリスト（子）、信仰の心（聖霊）のこと。ただひとつの神が三つのすがたになってあらわれる、という考え方なんだ。

●にた意味の四字熟語
・渾然一体

問題48　右の□の中に入る漢字は何？　呉越□舟

自画……自分でかいた絵
自賛……自分でほめる

え〜っ
そっくり
——!?

意味

自分で、自分のことをほめること。

由来

自分で自分の絵に、ほめる言葉を書くことから。絵にそえる詩文のことで、「賛」は、ふつうは他の人に書いてもらう。

覚え得!

「自画」を「自我」と書きまちがえないように。

使い方

母は、いつも自分で作った料理を自画自賛している。

まめちしき

「自」は、人の鼻の形がもとになってできた漢字だよ。自分で自分を指さすときは、鼻をさすよね。そこから、自分という意味の漢字になったんだ。「自」が、自分をあらわす漢字になったので、「自」に、鼻息の音をあらわす「畀」を、付けくわえて「鼻」の字ができあがったんだって。

●にた意味の四字熟語

・手前味噌(201ページ)

問題49　右の□の中に入る漢字は何?　笑止□万

色即是空

色……いろいろなもの
空……実体がない
即是……これすなわち

意味
この世に存在しているすべてのものは、実体がなくむなしいものだということ。

由来
うちゅうのすべての形あるものをあらわす「色」と、実体がなくむなしいものをあらわす「空」を合わせた言葉。（まめちしきも見てね）

使い方
この世は、色即是空。変わらないものはないんだね。

色＝空

けいたくん
ゲーム機買って
もらったんだって

お金持ちって
いいなー

色即是空
という言葉がある

この世に存在する
すべてのものは
実体のない空っぽ
なんだってさ

なのでゲームも
お金もみーんな
空っぽ！
そう！ 空っぽの
ものは気にしない！

じゃあ、これも
気にしなくて
いいってことね
ほんとに空っぽ
やないかーい！

まめちしき

もともとは、仏教の有名なおきょう「般若心経」に出てくる言葉で、「色即是空」の後に「空即是色」と続くよ。「空即是色」は、実体のないものが、この世に存在するすべてのもののすがたであるということ。「形あるもので永遠に変わらないものはない、死なないものはない」ということを教えているんだ。

●にた意味の四字熟語
・一切皆空

自給自足

自給……自分でまかなう
自足……自分で満たす

意味

生活に必要なものを、自分で作って間に合わせること。

由来

「自給」は、必要なものを自分でまかなうこと。「自足」は、必要なものを自分で満たすという意味から。

覚え得!

「足」は「足りる」という意味。「自足」を「自速」と書きまちがえないように。

使い方

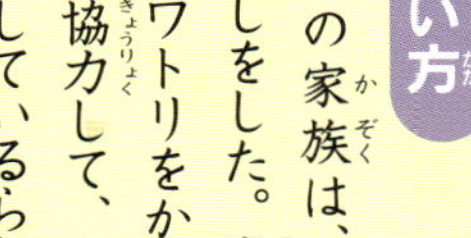

いとこの家族は、いなかに引っこしをした。米や野菜を作りニワトリをかって、家族全員で協力して、自給自足の生活をしているらしい。

まめちしき

「自給自足」は、畑や田んぼをたがやして米や野菜を作るなど、自分で食べるものを作って生活するようすを指して使うことが多いよ。

ザザー
ここは無人島だ!
食料は自給自足だぞ!

●にた意味の四字熟語

・自己充足

問題50 右の□の中に入る漢字は何？ 二□択一

四苦八苦

四苦……四つの苦しみ
八苦……八つの苦しみ

意味

ひどく苦しむこと。また、さんざん苦労すること。

由来

この世に存在するありとあらゆる苦しみという意味の仏教の言葉から。（まめちしきも見てね）

生　病　老　死

使い方

祖父が、最新式のスマートフォンを買った。今までの携帯電話と使い方がちがうので、電話をかけるだけで四苦八苦している。

——夏休み、最後の夜
うーん…
どうしたんだ？

算数ドリルがむずかしすぎて四苦八苦してるの
はぁ〜…
明日から二学期なのに〜

しょうがないなぁやってやるよ！
わーい!!
ほんと!?
算数

ほぼ不正解
自分でやればよかった……

まめちしき

仏教の言葉で、「四苦」は、生・病・老・死の四つの苦しみのこと。「八苦」はそれに、愛別離苦（愛する人と別れる苦しみ）・怨憎会苦（憎む人と会う苦しみ）・求不得苦（求めているものが得られない苦しみ）・五陰盛苦（肉体、感覚、想像、意志、認識の五つの要素から生まれる苦しみ）を加えたものだよ。

●にた意味の四字熟語

・七難八苦

試行錯誤

試行……試しに行う
錯誤……まちがう

意味

試すことと失敗することをくり返しながら、しだいに良い方法を見出して、完成に近づけていくこと。あれこれと、試みること。

由来

「錯誤」はまちがうこと。まちがいながらも、試しに行うということから。

覚え得!

「試行」を「思考」と書いたり、「錯誤」を「錯語」と書いたりしないように。

使い方

夏休みの自由研究に、自動ゴミ分別機を作ることにした。試行錯誤を重ねて、ようやく完成させることができた。

メイクって
うまくいかない
わね…

もっと
練習しなきゃ!

まめちしき

英語からできた四字熟語だよ。もともとは心理学で使われる言葉、“trial and error”をやくしたものなんだ。

●にた意味の四字熟語

・暗中模索(15ページ)

●にた意味の慣用句

・手を替え品を替え

問題51 右の□の中に入る漢字は何? 絶□絶命

自業自得

自業……自分の行い
自得……自分で受ける

意味
自分がした悪い行いの結果を、自分で受けること。

由来
もともとは仏教の言葉で、「業」は行いという意味。

覚え得！
「自業」を「じぎょう」と読みまちがえないように。

使い方
遊んでばかりいたら、あっというまに夏休みがすぎてしまった。宿題が終わらなくて苦しんでいたが、自業自得だと言って、だれも助けてくれなかった。

まめちしき

「得」というと、なんだかトクをするようだけど、そうではないんだ。「自業自得」は、悪い行いをしたときに、そのむくいとして苦しみを受けるというときに使うよ。自分が悪いことをしたら、いつかはそのバツとして悪いことが自分にふりかかってくるということだね。

●にた意味の四字熟語

・悪因悪果
・因果応報（49ページ）

問題51の答え　体

事実無根

事実……本当のこと
無根……根拠がない

意味

事実だという理由がないこと。まったく本当ではないこと。

由来

「根」は、根拠という意味で、「無根」で、根拠がなにもないということから。

使い方

田中くんと山田さんがつきあっているとうわさになっているが、私は事実無根だと思う。

まめちしき

「根」の出てくる慣用句は、たくさんあるよ。なんの証拠もないことは、「根も葉もない」。細かいことまであれこれと聞くようすは、「根ほり葉ほり」。うらみに思っていつまでもわすれないことは、「根にもつ」。土地に定着することは「根をおろす」。ほかにもあるから、辞書で調べてみよう。

●にた意味の慣用句

・根も葉もない

問題52　右の□の中に入る漢字は何？　□器晩成

時代錯誤

時代……時の流れ
錯誤……まちがう

問題52の答え　大

意味

時代を取りちがえていること。また、考え方ややり方が、今の時代に合わないこと。

由来

もともとは、ある時代のものを、別の時代のものと取りちがえているということから。

使い方

炎天下なのに「水は飲むな、根性で乗り切れ」なんて、時代錯誤もはなはだしい。

まめちしき

「時代錯誤」は、悪い意味で使うことが多いよ。古くて良いもののときには、使わないんだ。にたような意味に「時代おくれ」や「時代はずれ」という言葉があるね。見た目やようすなどが古くさく見えることをあらわすときには、「時代めく」「時代がかる」などの言い方もするよ。また、「時代ばなれしている」というと、その時代のふんいきからどこかかけはなれているようすをあらわすんだ。

●にた意味の四字熟語

・旧態依然（81ページ）

●にた意味の慣用句

・頭が古い

問題53 右の□の中に入る漢字は何？　百□錬磨

七転八起

七転……七回転ぶ
八起……八回起きる

意味

何度失敗しても、くじけずに起きあがり、立ち向かっていくこと。

由来

七回転んでも、そのたびにかならず起きあがるということから。

覚え得！

・「七転」は「七顚」とも書く。
・「七転び八起き」という慣用句が四字熟語になったもの。

使い方

ノーベル賞を受賞した山下さんは、七転八起の精神で、三十年もひとつの研究にはげんだそうだ。ぼくもすぐにあきらめずに、がんばろうと思った。

何度たおれても
けっしてあきらめず

立ち上がってくる…
ムクッ
七転八起の……

ゾンビってこわいよ——!!
ウォーーッ

まめちしき

「一転び二起き、三転び四起き、五転び六起き、七転び八起き」なんて言う言い方もあるよ。たおれてもかならず起きあがる気合いを感じるね。

●にた意味の四字熟語

・不撓不屈

●にた意味の慣用句

・七転び八起き

問題53の答え　戦

七転八倒

七転……七回転ぶ
八倒……八回たおれる

意味
いたさや苦しみで、転げまわること。

由来
何度も転んで、何度もたおれるということから。

覚え得！
・「しちてんはっとう」「しってんばっとう」「しってんはっとう」とも読む。
・「七転八起」と漢字はにているけれど、まったく意味がちがうので注意。

使い方
生ガキをたくさん食べたら、おなかをこわしてしまった。病院に行ったが薬を飲んでもきかず、一日中、七転八倒して苦しんだ。

ぼくは大げさに転んでファウルをもらうのが得意だ
あっ
わーっ

でも本当にいたくて七転八倒したら

ウソだと思われて無視された

ウソだな…

本当にひっかけられたのにー!!

へへっ

まめちしき

「七」と「八」は、たくさんを意味するんだ。ほかにも、「七縦八横」（混乱して、たてや横に散り散りになること）などの四字熟語があるよ。

●にた意味の四字熟語
・千辛万苦

●にた意味の慣用句
・身をよじる

問題54　右の□の中に入る漢字は何？　三日坊□

質疑応答

質疑……質問する
応答……答える

意味
質問したり、それに対して回答したりすること。また、そのやりとりのこと。

由来
質問やうたがいのあることを問いただすという意味の「質疑」と、質問におうじて答えるという意味の「応答」を合わせた言葉。

覚え得！
「応答」を「応当」と書きまちがえないように。

使い方
会長からの説明のあと、質疑応答の時間がもうけられた。

特別講義
なりたい仕事につくには
今日はキミたちの先ぱいに特別授業をしてもらいます

強い信念でチャレンジし続けて下さい
私の話は以上です

それでは質疑応答を始めます
はい！

まめちしき
「質疑応答」で、すでに答えるという意味を持っているので、「質疑応答に答える」と言うのはまちがった使い方。このように意味が重なった言い方を「重言」「二重表現」「重複表現」などと言うよ。「頭痛が痛い」「期待して待つ」「ウマから落馬する」など、おかしな使い方をしていないか注意してみよう。

●にた意味の四字熟語
・一問一答

問題54の答え　主

質実剛健

質実……かざりけがなくまじめ
剛健……強くたくましい

意味

かざりけがなく、心も体も強くたくましいようす。

由来

人がらにかざりけがなくまじめなことをあらわす「質実」と、心や体が強くてたくましいことをあらわす「剛健」を合わせた言葉。

覚え得！

「剛健」を「強健」と書きまちがえないように。

使い方

先生は、質実剛健な性格で、みんなから信頼されている。

お母さんは、お父さんのどこが好きなの？
え～？そうねぇ……

質実剛健なところかしら♪

剛健…？
むちーん
う～ん、恋っておそろしいわ

まめちしき

「質」は、「斤」と「貝」でできているね。「斤」はおもりのことで、これがふたつあるので、重さが同じことをあらわしているよ。「貝」は昔、お金として使われていたんだ。つまり「質」は同じ重さのふたつのお金ということ。ここから、お金に見合うだけの中身があるという意味の「質」という字ができたんだ。

●にた意味の四字熟語

・剛毅木訥
・剛健質実

問題55　右の□の中に入る漢字は何？　文武両□

自暴自棄

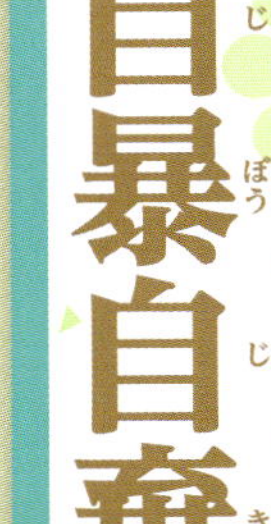

自暴……自分をいためる
自棄……自分をすてる

意味

思い通りにならないために、やけになり、わざと自分の身をそまつにあつかったり、無茶なことをしたりすること。希望を失って投げやりになること。

由来

「自暴」は、あばれて自分をいためること、「自棄」は、自分のことを投げすてていること。投げやりになっていることをあらわしている。

使い方

西野さんは、先週のバレエのコンクールで入賞できなかった。あれから自暴自棄になって、おかしばかり食べているようだ。

まめちしき

「やけになる」の「やけ」は、「焼け」からできた言葉。焼けて、物の形が変わることから、そんなふうに変わる人のようすを言うようになったんだ。「やけくそ」「やけっぱち」「やけのやん八」なんて言うこともあるね。

●にた意味の言葉

・やけっぱち　・やけになる

●反対の意味の四字熟語

・自重自愛

問題55の答え　道

四面楚歌

四面……周囲
楚歌……楚の国の歌

意味

まわりがみんなてきで、ひとりも味方がいないこと。

由来

中国の武将が、戦で孤立したと思いこんでなげいたという故事から。（まめちしきも見てね）

使い方

・父と母をおこらせてしまい、たのみのつなの姉のきげんもそこねてしまった私は、今や四面楚歌の状態だ。
・あっというまにてきに包囲され、四面楚歌になった。

まめちしき

中国、秦の時代、楚の項羽という武将が、てきの漢に四方を包囲されてしまった。そのとき漢の軍は、てきの国、楚の歌を歌った。それを聞いた項羽は、楚の民がみんな降伏して自分はひとりになってしまったと思いこんだ、という話からできた四字熟語。中国の歴史書『史記』に出てきた故事なんだ。

●にた意味の四字熟語

・孤軍奮闘
・孤立無援

問題56 右の□の中に入る漢字は何？ □代錯誤

自問自答

自問……自分に問いかける
自答……自分で答える

意味
自分で自分の心に質問し、それに自分で答えてかいけつすること。

由来
自分自身でぎもんを出すことをあらわす「自問」と、自分で答えることをあらわす「自答」を合わせた言葉。

覚え得！
「自問」を「自門」と書きまちがえないように。

使い方
私は、水泳クラブをやめることにした。本当にこれで良いのか、何度も自問自答して出した答えなので、後悔はしていない。

これで
良いのか
自問自答を
くり返す
ことは
大事です

私も
自問自答する
習慣を
つけるよ
うん
うん

今日の
発言はあれで
良かったかしら…

自問自答を始めると
なぜかかならず
ねてしまう
ZZZZZZ…

●にた意味の慣用句
・胸に手を当てる

まめちしき
自分で自分に質問をするなんて、おかしいね。でも自分の気持ちや考えは、自分にしかわからないこともある。いつも自問自答するくせをつけておくと、自分の本当の気持ちを見失わないでいられるよ。

自問
自答

さ

杓子定規

杓子……ひしゃく
定規……線を書く道具

意味

すべてのものごとを、ひとつの型にはまった考えに当てはめようとすること。また、そのためにゆうずうのきかないようす。

由来

「杓子」はしゃもじやひしゃくのこと。曲がっているしゃもじやひしゃくを、じょうぎに使おうとすることから。日本で生まれた四字熟語。

使い方

杓子定規な考え方ばかりしていては、クラブの問題はかいけつしない。キャプテンは、臨機応変にたいおうすることも大切だと、コーチに教えられた。

早くねなさい！

子どもは九時にはねるものよ！
そんな杓子定規なこと言わなくてもいいだろ

何よ
あなたがそんなあまいから
おまえがゆうずうがきかないんだろ

ギャギャ
さて早くねよ～
もう九時すぎだしね……

●にた意味の四字熟語
・四角四面

●反対の意味の四字熟語
・臨機応変（290ページ）

まめちしき

しゃくしの出てくる慣用句に「ネコもしゃくしも」というのがあるよ。「だれもかれもみんな」という意味なんだ。「ネコもしゃくしも、同じかっこうをしている」というふうに使うよ。

右の□の中に入る漢字は何？　我田引□

弱肉強食

弱肉……弱いものの肉
強食……強いものが食べる

意味

弱いものが強いものに食べられること。また世の中では強いものが勝ち残るということ。

由来

弱いものの肉を強いものが食べるという、動物界の生存競争のきびしさを、人間社会にあてはめた中国の故事から。

覚え得!

「強食」を「共食」と書きまちがえないように。

使い方

大手のコンビニエンスストアが近所にできたために、昔からある小さな酒屋が閉店してしまった。弱肉強食の世の中だ。

自然界は弱肉強食
でも やっぱり かわいそう
……

私には できないわ
……

今日から 草を 食べよう
……
それじゃあ
弱草強食 だね

まめちしき

「生きウマの目をぬく」というのは、すばやく油断ならないという意味。「生きウマの目をぬくせちがらい世の中」など、「弱肉強食」と同じようにきびしい世の中をあらわすときに使うよ。

●にた意味の四字熟語

・自然淘汰　・適者生存
・優勝劣敗（282ページ）

問題57の答え　水

縦横無尽

縦横……たてと横
無尽……つきない

意味

ものごとを思うぞんぶんにやること。自分の思うままにふるまうようすのこと。

由来

「縦横」は、たてと横で空間のこと、「無尽」はつきることがないということから、なにごとにもとらわれないという意味。

覚え得!

「無尽」を「無人」と書きまちがえないように。

使い方

かいイヌのクロは、いつもせまい庭につながれているが、広い野原に連れていったら、縦横無尽にかけまわってうれしそうだった。

足が速いしょうたはサッカーを始めたばかりだけどすぐにレギュラーになった

ダーッ

その縦横無尽な動きで相手をほんろうする
サッ
ヘイ!
サッ

行け! しょうた!

ピッ
オフサイド
うぉー
しかしまだルールを知らない
しまった…
プッ

まめちしき

「縦横」だけでも、自由自在、勝手気ままという意味があるんだ。「縦横にかつやくする」などと使うよ。「縦横無尽」のほうが、より自由な感じがでるね。

●にた意味の四字熟語

- 縦横無礙
- 自由自在(135ページ)

問題58 右の□の中に入る漢字は何? 十人十□

終始一貫

終始……始めと終わり
一貫……ひとつにつらぬく

意味

始めから終わりまで、変わらないこと。ひとつの考えをつらぬきとおすこと。

由来

「貫」は「貫く」と読み、始めから終わりまでしとげること、しとげるという意味。「一貫」で、ひとつのことを成しとげるという意味。

覚え得!

「終始」を「終初」や「始終」と書きまちがえないように。

使い方

・終始一貫、無実だと言いつづけてきた人の逆転無罪が確定した。
・私は終始一貫して、その計画には反対の態度をつらぬいた。

まめちしき

「終始一貫」と同じ意味の言葉に、「終始一のごとし」というものがあるよ。荀子という中国の昔の思想家の言葉と言われているんだ。

●にた意味の四字熟語

・首尾一貫(140ページ)
・徹頭徹尾(200ページ)

問題58の答え　色

自由自在

自由……自分の心のまま
自在……自分の思いのまま

意味

思いのままにするようす。また、思うぞんぶんにふるまうことができるようす。

由来

「自由」は自分の心のままにすること。「自在」も思いのままということで、同じような意味の言葉をならべて、意味を強調している。

使い方

友だちの中川くんは、運動神経ばつぐんだ。スケートボードも一輪車も、自由自在に乗りこなせるのでうらやましい。

おお!っ
自由自在にあやつれるぜ!
ブーン

いいな ぼくにもやらせてよ
わっ
ちょっと待てって
ぐいっ

ガシャン
あぁー!? こわれた!

止まれ!
ぐるぐる
……ラジコンにあやつられている

●にた意味の四字熟語

- 縦横無礙
- 縦横無尽(133ページ)

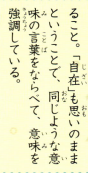

まめちしき

「自由」のつく四字熟語は、ほかにも「自由奔放」「自由闊達」「不羈自由」などいろいろあるよ。「自在」のつく四字熟語も、「緩急自在」「活殺自在」「闊達自在」「奔放自在」「自在不羈」など、いろいろあるんだ。「自由」と「自在」がにた意味だから、同じ熟語と組み合わせた四字熟語がたくさんあるんだね。

問題59 右の□の中に入る漢字は何? 自□自賛

十人十色（じゅうにんといろ）

十人（じゅうにん）……十（じゅう）の人（ひと）
十色（といろ）……十（じゅう）の色（いろ）

問題59の答え　画

キーレンジャー仮面！

ミドレンジャー仮面！

モモレンジャー仮面！

シロレンジャー仮面！

ギンレンジャー仮面！

クロレンジャー仮面！

グンジョウイロ…

これがほんとの十人十色だね～!!

カッコイイ～～！

意味

人によって、好みや考え方、性格はそれぞれちがって、様々だということ。

由来

「色」は、個性のこと。人間は「十人」いれば、十人とも、それぞれの「色」を持っているということから。

覚え得！

「十色」を「じっしょく」と読みまちがえないように。

使い方

クラスのみんなで、近くの公園に写生に行った。花をかく人がいれば、空をかく人もいて、十人十色の作品ができあがった。

まめちしき

「十人十色」と同じように「十人」が出てくる言葉に、「十人なみ」というのもあるよ。見た目や才能が人なみで、特にすぐれてはいないという意味なんだ。この場合の「十」は、「たくさん」をあらわしているんだね。

●にた意味の四字熟語

- 各人各様
- 三者三様（112ページ）
- 千差万別（169ページ）

問題60 右の□の中に入る漢字は何？　言□道断

主客転倒

主客……主人と客
転倒……引っくり返る

意味

大事にするべきものとそうでないものが、ぎゃくのあつかいを受けること。また、ものごとの立場や順番がぎゃくになってしまうこと。

由来

主人と客の立場が、入れかわるということから。

覚え得！

「主客」は「しゅきゃく」とも読む。

使い方

先生が生徒に漢字のまちがいを教わるとは主客転倒だな。

勉強ができすぎる杉田くん

(2+3)×5

先生！そこまちがってます！
(2+3)×5
えっ

こうでしょ！
おースゴイ！
(3+4)×6
ときどき先生と主客転倒になっている
オー
スゴイ

まめちしき

「主観的」と「客観的」という言葉を知ってる？「主観的」は、自分だけの考えや感じ方にかたよっているようす、ひとりよがりとも言うね。「客観的」は、自分の考えにとらわれずに、ものごとをありのままに見たり考えたりするようすを言うんだ。まよったときは、だれかに客観的な意見を聞いてみるといいね。

●にた意味の四字熟語

- 冠履転倒
- 本末転倒（255ページ）

問題60の答え　語

取捨選択

取捨……取るとすてる
選択……選ぶ

意味

良いものと悪いものを分け、良いもの、必要なものだけを選び取ること。

由来

選びながら、取ったりすてたりすることから。

覚え得！

「選択」を「洗濯」と書きまちがえないように。

使い方

大そうじの日。まずはたまったマンガを取捨選択して整理することから始めることにした。

いる
いらない

少しは整理しなさい

ちゃんと取捨選択するのよ！
え～っ
取
捨

せっせ
せっせ
捨
取

エッヘン
ぜんぶ「取」でした！
捨
取

●にた意味の四字熟語

・取捨分別

まめちしき

そうじをするときには、「取捨選択」することがとても大切だね。ほかにも、「整理整頓」「立つ鳥あとをにごさず」「四角なざしきを丸くはく」「内でそうじせぬウマは外で毛をふる」などは、そうじに関連した四字熟語やことわざだよ。辞書でそれぞれの意味を調べてみてね。

問題61 右の□の中に入る漢字は何？ □心伝心

首尾一貫

首尾……始めと終わり
一貫……ひとつのことをつらぬくこと

意味

始めから終わりまで、考え方ややり方がすじ道だっていて変わらないこと。また、始めと終わりでくいちがいがないこと。

由来

「首」は頭で「尾」はしっぽということから「首尾」で始めから終わりまでの意味、「一貫」でひとつのことをつらぬくという意味。

使い方

早く上手にできる人よりも、下手でもまじめにがんばっている人を評価するという先生の考え方は、首尾一貫している。

おねえちゃん、せんべい食べる？
NO!
いらなーい！
せんべい

モデルを目指すのなら、自分にきびしく！
そこは首尾一貫してないとね

ふ～ん……ケーキもあるけど？
えっ!?

ま、まぁ
例外もあるよね たまには、ねっ
ニヤニヤ

まめちしき

「首尾」という言葉は、ものごとのなりゆきや結果という意味があるよ。「首尾よくやる」と言うとうまいぐあいにやること。「首尾は上々」と言うとものごとがうまくいっているという意味なんだ。

にた意味の四字熟語

- 終始一貫（134ページ）
- 徹頭徹尾（200ページ）

問題61の答え　以

順風満帆

順風……追い風
満帆……帆をいっぱいにはる

意味
ものごとが、とてもうまくいくことのたとえ。

由来
「順風」は、追い風。船が追い風をいっぱいに帆に受けて快調に進むことから。

覚え得！
「満帆」を「まんぽ」と読みまちがえないように。

使い方
来月の運動会のじゅんびは、順風満帆に進んでいる。

まめちしき

船の帆が風をいっぱいに受けて進むようす、とても気持ちよさそうだね。「順風満帆」と同じような意味の言葉は「得手に帆をあげる」「追い風に帆をあげる」「追い手に帆をあげる」「真帆に追風」などたくさんあるよ。得意なことをいかすチャンスにめぐまれたので、それをのがさずに利用して進む、という意味だよ。

●にた意味の四字熟語
・一路順風

●にた意味の慣用句
・得手に帆をあげる

問題62 右の□の中に入る漢字は何？　一□瞭然

笑止千万

笑止……おかしいこと
千万……たくさん

そのていどでオレたちに勝とうとは笑止千万！

ハッハッハッ

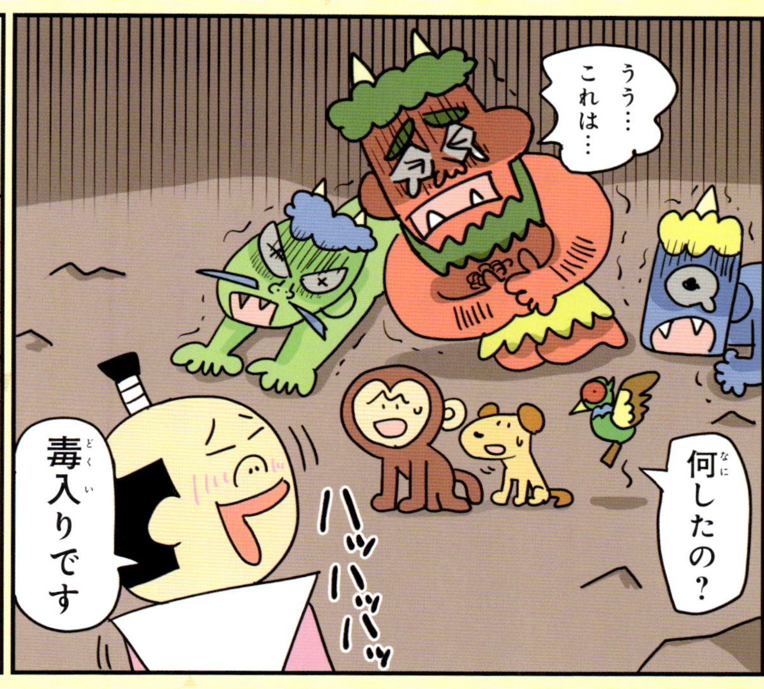

意味
ひじょうにばかばかしく笑えること、また、はなはだ気のどくなこと。

由来
「笑止」は大変なこと、おかしくばかばかしいこと。「千万」は、たくさんということから。

使い方
ぼくたちのチームが、去年の優勝チームと対戦することになった。相手チームは「勝とうだなんて笑止千万だ」と笑っているが、そうかんたんには負けないぞ。

まめちしき

ひじょうにばかばかしくおかしいことを「へそが茶をわかす」や「へそで茶をわかす」と言うことがあるよ。大笑いしてはらがよじれるようすが、お湯がわきあがるのににていることからできた言葉なんだ。また、同じようにばかばかしいほどおかしいことをあらわす言い方で、「ちゃんちゃらおかしい」というのもあるよ。声に出してみると、面白い言葉だね。

●にた意味の四字熟語
・失笑噴飯

●にた意味の慣用句
・へそで茶をわかす

問題63 右の□の中に入る漢字は何？　唯一無□

正真正銘

正真……真実であること
正銘……本物であること

意味

まちがいなく本物であること。まったく、うそいつわりがないこと。

由来

「正真」も「正銘」も本物であるということ。にた意味の言葉を重ねて、意味を強調している。

覚え得!

「正銘」を「正明」と書きまちがえないように。

使い方

県民ホールにかざってある花の絵は、正真正銘のゴッホの作品だそうだ。でもぼくには、どこがすばらしいのか、よくわからない。

あーーっ
ポチャン
スィ〜
……

まめちしき

刀や剣などに、作った人の名前をきざんだものを「銘」と言うよ。由緒正しく本物だとみとめる印なんだ。銘をきざむことは、「銘を打つ」。そこから、もっともらしい名目をかかげるときに使う「銘打つ」という言葉が生まれたんだ。

●反対の意味の四字熟語

・荒唐無稽(91ページ)

問題63の答え　二

枝葉末節

枝葉……えだと葉
末節……主要でないこと

意味

重要ではないことがら。本すじからはずれた、どうでもよい部分のこと。

由来

木のみきが主要な部分であるのに対して、えだや葉はささいなもので主要ではないということから。「末節」も、本すじではないつまらないことという意味で、にた意味の言葉をふたつならべて意味を強調している。

使い方

答案用紙の名前を書くらんが小さくて、なかなかうまく書けない。なんとかきれいに書こうと文字の枝葉末節にこだわっていたら、テストの時間が終わってしまった。

●にた意味の四字熟語

・枝葉末端

まめちしき

「枝葉」だけでも、ものごとの主要でない部分、ささいなこと、という意味があるよ。この場合は「枝葉」と読むんだ。

問題64　右の□の中に入る漢字は何？　適材適□

諸行無常

諸行……この世のすべてのもの
無常……そのままではない

意味

この世のすべてのものはたえずうつり変わり、永遠に同じものはないということ。

由来

もともとは仏教の言葉で、「諸行」はこの世のすべてのものをあらわし、「無常」は変わらないものは何もないということをあらわす。

覚え得！

「諸行」を「所行」と書きまちがえないように。

使い方

小さいときから遊んでいた公園が取りこわされ、マンションが建つことになった。諸行無常を感じるできごとだった。

昨日さいた
お花がもう
かれてる…
諸行無常
だな……

諸行
無常？
永遠に変わらない
ものはない
という意味だよ

そういえば
昔のママは
美人だった
のに…
今は…

今は
どうなの
よっ!!
い、い、
今も
もちろん
お美しいです～っ!!
※ママ

●にた意味の四字熟語

・有為転変
・万物流転

まめちしき

「祇園精舎のかねの声、諸行無常のひびきあり」。有名な古典『平家物語』の書き出しの文だよ。『平家物語』は、平家一門が栄えてほろぶまでをえがいた物語なんだ。

問題64の答え　所

私利私欲

私利……自分の利益
私欲……自分の欲望

意味
自分だけが得をしようとする気持ちのこと。また、そう考えて行動すること。

由来
「私」は自分のことで、「私利」は自分の利益、「私欲」は自分の欲望ということから。

覚え得！
「私欲」は「私慾」とも書く。

使い方
わかい王様は、私利私欲に目がくらんで、国民の生活をかえりみなくなった。

あーん
私利私欲で行動しないの…
う……

●反対の意味の四字熟語
・公平無私（92ページ）

まめちしき
「欲」という字は「谷」と「欠」でできているね。「谷」は、あなが空いていることをあらわし、「欠」はおなかを空かせた人が口を開けてかがんでいる様をえがいたもので、足りないことをあらわしているよ。そこから、空っぽでそれをうめるためにほしがる気持ちをあらわす「欲」という字ができたんだ。

問題65 右の□の中に入る漢字は何？　杓子□規

支離滅裂

支離……ばらばらになること
滅裂……切れ切れになること

問題65の答え　定

意味

ものごとがめちゃくちゃで全体のまとまりがなく、ばらばらなこと。また、すじ道が通っていないようす。

由来

「支離」ははなればなれになること、「滅裂」はやぶれ、くだけてばらばらになり形を失うということ。にたような意味の言葉をふたつならべて意味を強調している。

使い方

・弟は、おこられるのが苦手だ。都合が悪くなると、いつも支離滅裂な言いわけをして、その場からにげだそうとする。
・新人作家のマンガは、ストーリーが支離滅裂で意味がわからなかった。

まめちしき

わけのわからないことを「めちゃくちゃ」「むちゃくちゃ」などと言うね。当て字（意味に関係なく音の合う漢字を当てはめること）で書くと、「滅茶苦茶」「無茶苦茶」だよ。「むちゃをする」の「むちゃ」も漢字で書くと「無茶」なんだ。

●にた意味の四字熟語
・四分五裂

●反対の意味の四字熟語
・理路整然

問題66 右の□の中に入る漢字は何？　□石混交

四六時中

四六時……一日
中……いつも

意味

二十四時間、一日中。また、いつも、つねに。

由来

「四×六＝二十四」であることから、「四六時」で一日という意味。

4×6=24
なるほど!!
ポン

使い方

うちのネコは、今年で十二才になるおばあさんだ。小さいときはいろいろなところで遊んでいたが、今では四六時中えんがわでねている。

――うちのタマは四六時中ねている

全然起きない

まだまだねてる

本当は、夜中ずっと起きている
ニャハハハ
ニャハハ

まめちしき

江戸時代の時刻は一日を昼六つ、夜六つに分けていたので、一日のことを「二六時中」と言っていたんだ。「四六時中」は、それを今の時代に合うように言いかえた言葉だよ。昔は、一日の時間を「子の刻」「丑の刻」「寅の刻」など、干支の名前で言いあらわしていたんだって。面白いね。

●にた意味の四字熟語

・二六時中

問題66の答え　玉

心機一転

心機……心の動きや気持ち
一転……がらりと変わる

意味

あることをきっかけに、気持ちが新しくなったり良い方向に変わったりすること。

由来

「心機」は、心の動きや気持ちのこと。「一転」は、まったく変わることから。

覚え得!

「心機」を「心気」と書いたり、「一転」を「一点」と書いたりしないように。

使い方

・一学期はちこくが多かったので、新学期からは心機一転、早起きをしてがんばろう。
・クラブのリーダーになることになった。心機一転し、練習にはげもう。

いつも朝ねぼうのぼくだけど
新学期からは心機一転早ね早起きするぞ!

ガバッ!
よく朝
ジリリリリリリ〜!

早起きできたーっ!
から……

次は早ねしよう……♡
コラ〜〜!

●にた意味の四字熟語

・改過自新

まめちしき

「魚心あれば水心」(相手のたいどによって、こちらのたいどもちがってくるという意味)など、「心」のつく四字熟語やことわざはたくさんあるよ。

問題67 右の□の中に入る漢字は何? 一日千□

神出鬼没

神出……神が出る
鬼没……おにがかくれる

意味
自由自在にあらわれたりかくれたりして、なかなか居場所がつかめないこと。

由来
神様もおにも、出たりかくれたりするのが自由自在なことから。「没」は、しずんだりかくれたりするという意味。

使い方
ヨーロッパで話題になっている連続宝石どろぼうは、神出鬼没の犯行で、つぎにどこがねらわれるのかまったく予測ができないらしい。

山田さんは神出鬼没だ
音楽室
うまいなあ

あれ？ 音楽室にいなかった？
わっ
えーい！

木村さん何見てるの？
とんとん
あ、あなたは！じゃああそこでドッジボールしてるのはだれ？
えい

あれは三つ子の長女よ
ピアノは次女
キャー
よし！

まめちしき

おにが出てくることわざはたくさんあるよ。「おにに金ぼう」は、強いものが良い条件を得てますます強くなること。「おにの目にもなみだ」は、おにのようにこわい人でも感動してなみだを流すこと。「わたる世間におにはなし」は、世の中には、おにのように無情な人ばかりではなくやさしい人もいるということ。

●にた意味の四字熟語
・神出鬼行
・変幻自在

問題67の答え　秋

針小棒大（しんしょうぼうだい）

針小……はりのように小さい
棒大……ぼうのように大きい

意味

ものごとを、実際よりも大げさに言うこと。また、そのようす。

由来

はりのように小さいことを、ぼうのように大きく言う、ということから。

覚え得！

「針小」を「針少」と書いたり、「棒大」を「棒太」と書いたりしないように。

使い方

昨日、田中くんといっしょに下校していたら、小さなヘビを見つけた。今日、学校で田中くんは、「大蛇にあった」と、それを針小棒大に言いふらしている。

ウチの子この間雑誌にのったの
カワイイ〜

スリスリ
どうしようかわいいって有名になっちゃうかも
モデルのお仕事とか来ちゃうかも

え〜すごいすごい！その雑誌見せて〜
いいよ〜〜

ほらっ！
ババーン
小さい
…

●にた意味の四字熟語
・大言壮語（187ページ）

●にた意味の慣用句
・大風呂敷を広げる

まめちしき

はりとぼうが出てくることわざに「ぼうほど願ってはりほどかなう」というのがあるよ。望みは大きくても、実際にはほんのわずかしかかなわないものだという意味なんだ。

問題68　右の□の中に入る漢字は何？　□苦八苦

新進気鋭

新進……新しく出る
気鋭……いきおいがある

意味

ある分野に新しく登場し、いきおいがあり将来が期待される人。また、その人。

由来

新しく出てくることや仲間入りすることをあらわす「新進」と、意気ごみがさかんなことをあらわす「気鋭」を合わせた言葉。

覚え得!

「新進」を「新新」と書きまちがえないように。

使い方

・山田投手は今年プロ入りした新進気鋭の選手で、ぼくたちの町の出身なので、家族全員で応援している。
・あの作家は新進気鋭と言われていたが、今はパッとしない。

文学賞授賞式後
新人賞受賞おめでとうございます!

ありがとうございます
とてもうれしいです!

吉村さんは新進気鋭の作家と言われていますが……
……?

は
はあ…
意外に言葉を知らない新人作家だった

●にた意味の四字熟語
・少壮気鋭

まめちしき

いきおいのあるわかい新人をほめるときに使うことが多いけど、年に関係なく、いろいろな分野で新しく出てきた人に対して使われる言葉だよ。

深謀遠慮

深謀……深く考える
遠慮……遠くまで見通す

意味
先々のことまで深く考えをめぐらし計画をたてること。また、その考え。

由来
「深謀」も「遠慮」も、先のことまで深く考えるということ。にたような意味の言葉をふたつならべて意味を強調している。

覚え得！
「遠謀深慮」や「深慮遠謀」とも書く。

使い方
父はいつも、深謀遠慮をめぐらせている。

ねえねえ
山田くんの将来のゆめは何？
ぼく？

ぼくは
深謀遠慮をめぐらせているよ

有名大学を出て
サラリーマンか公務員になって安定したら……

きみをおよめさんにもらうんだ〜♡
キャ〜
遠慮しま——す！

●にた意味の四字熟語
・遠謀深慮　・深慮遠謀

●反対の意味の四字熟語
・軽佻浮薄　・短慮軽率

まめちしき
「えんりょする」という言葉はよく使うね。漢字で書くと「深謀遠慮」と同じ「遠慮」だよ。これは、相手のことを深く先々まで考えてひかえめにするということ。やんわりと、おことわりするときにも使うね。「遠慮会釈もない」と言うと、相手のことを考えずに強引にものごとをすすめることを言うんだ。

問題69 右の□の中に入る漢字は何？　□往左往

森羅万象（しんらばんしょう）

森羅……木々が立ちならぶ
万象……すべての形あるもの

意味
この世に存在するすべてのもの。

由来
もともとは仏教の言葉で、「森羅」は木々が立ちならんでいること、「万象」はいろいろな形やすがたをあらわしている。

覚え得！
「万象」を「まんしょう」と読みまちがえないように。

使い方
姉は、大学でうちゅうの勉強をしている。姉から銀河系や地球の成り立ちなどを聞いて、ぼくも森羅万象に思いをはせるようになった。

あー
気持ちがいいのー

森、川、鳥などの動物…
うん
この世の森羅万象に感謝せねばならんな

どうした？
とっとっとっ…

なんか地面をふむのも申しわけないなって…
大地は感謝して思いきりふもう…

●にた意味の四字熟語
・有象無象
・天地万物

まめちしき

「有象無象」など、「象」の出てくる四字熟語はいくつもあるね。「象」は、もともとは、形のあるものないものすべてという意味だったけど、そこから様々な人やものという意味に変わったんだ。

頭寒足熱

頭寒……頭を冷やす
足熱……足を温める

意味

頭は冷やして、足はあたたかくすること。このようにすると健康に良いといわれる。

由来

「頭寒」は頭を冷やし、こうふんをおさえて気持ちを落ち着けること。「足熱」は足を温めて、つかれをとることから。

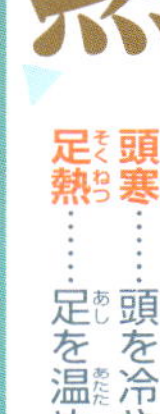

使い方

かぜをひいたときは、頭寒足熱が良いと、おばあちゃんが教えてくれた。

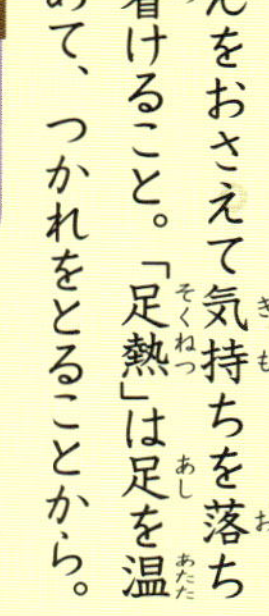

ふう〜〜
あ〜かぜをひいたみたいだ
大丈夫？

そんなときは頭寒足熱がいいんだって！

さあ、横になって氷まくらと
湯たんぽに……

病院行こうと思ったんだけどな…
うんうん
動けない……

まめちしき

「あたためる」は、「温める」とも「暖める」とも書くね。「温」の反対は「冷」、「暖」の反対は「寒」だよ。例外はあるけど、舌や指先など体の一部が何かにふれて感じるものは「温・冷」、体全体で感じるものは「暖・寒」と覚えるとわかりやすいね。たとえば、食べ物などが熱いときは「温」、気温が高いときは「暖」を使うんだ。

●にた意味の四字熟語

・頭寒足暖

問題70 右の□の中に入る漢字は何？　天□無縫

晴耕雨読（せいこううどく）

晴耕（せいこう）……晴れた日はたがやす
雨読（うどく）……雨の日は読む

意味

晴れた日には外に出て田畑をたがやし、雨の日には家の中で本を読むということ。また、世間のわずらわしさからはなれて、静かにのんびりと生活することのたとえ。

由来

「耕」は農作業、「読」は読書をあらわしている。農作業と読書でなくても、外で体を使ってあせを流すことと、家で頭を使うことをすれば「晴耕雨読」と言う。

使い方

父は、定年退職したら、いなかに引っこしをしたいそうだ。そこで、晴耕雨読の生活を楽しむのがゆめだと言っている。

お茶が入ったよ～

ズラー
おじいちゃんは晴耕雨読だね！

ニヤリ
最近はそうでもないぞ
そうなの？

雨の日は、部屋でネットサーフィンするのが楽しみなんじゃ～！

●にた意味の四字熟語

- 昼耕夜誦（ちゅうこうやしょう）
- 悠悠自適（ゆうゆうじてき）（285ページ）

まめちしき

「晴」と「雨」が出てくる四字熟語に、「晴好雨奇」というものがあるよ。これは、晴れでも雨でもすばらしい景色のこと。「雨奇晴好」とも書くよ。

問題70の答え　衣

誠心誠意

誠心……まことの心
誠意……まことの気持ち

意味

まごころをもって、心をこめてものごとを行うようす。また、まごころ。

由来

「誠心」も「誠意」も、いつわりのない心のことで、同じような意味の言葉をならべて、意味を強調している。

覚え得！

「誠心」を「精神」と書きまちがえないように。

使い方

すてイヌを拾って、かうことになった。はじめはおびえたようすだったけれど、誠心誠意、世話をしたので、今ではぼくにとてもなついている。

誠心誠意、育てればイヌも誠心誠意それにこたえてくれるよ
ほんと――？

一年後
ほんとだったよー♡
よしよし♡
え～っ!?

まめちしき

まごころって、なんだろう。あらためて考えるとむずかしいね。相手にも自分にも正直であること。相手の立場に立って考え、相手の人の幸せを願うことかな。

●にた意味の慣用句

・心をこめる

問題71 右の□の中に入る漢字は何？　□羅万象

正正堂堂

正正……正しい
堂堂……りっぱなこと

オレの球が打てるかな

ギッ

ファイアーストレート！

ビュン

意味

たいどや手段が、正しくてりっぱなようす。また、軍隊などの体系が整い、いきおいがさかんであること。

由来

「正」は正しく整っていること、「堂」はりっぱなことで、漢字をふたつ重ねて意味を強調している。もともとは「正正の旗、堂堂の陣」という、中国の兵法書『孫子』に出てくる言葉を省略したもの。（まめちしきを見てね）

使い方

試合には負けてしまったけれど、正正堂堂と戦ったので、観客からおしみないはく手がおくられた。

まめちしき

『孫子』は、中国、呉の孫武という人が書いたと言われる兵法書だよ。古代中国の戦争体験をもとに、戦略や戦術だけでなく人の心までほりさげて、戦争の法則をといているんだ。「呉越同舟」「百戦百勝」「風林火山」などここからいくつもの四字熟語が生まれたよ。

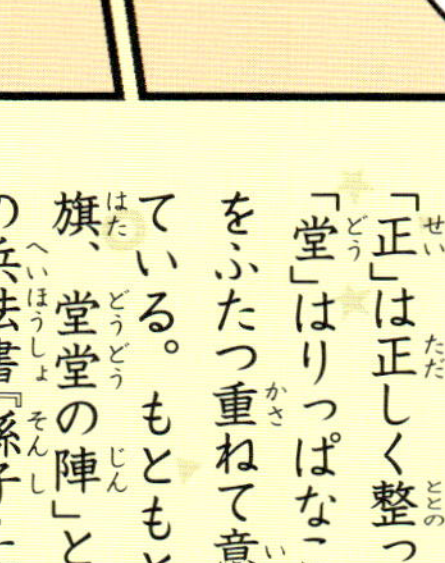

●**にた意味の四字熟語**

・公明正大（93ページ）

●**反対の意味の四字熟語**

・卑怯千万

問題72 右の□の中に入る漢字は何？　羊頭狗□

青天白日

青天……青い空
白日……くもりのない太陽

意味
心にやましいところがまったくないこと。また、うたがいが晴れて、無罪になること。

由来
雲ひとつない、よく晴れた天気のように、すみわたったようすということから。

覚え得！
「青天」を「晴天」と書きまちがえないように。

使い方
うたがいが晴れて青天白日の身となりすがすがしい気分だ。

あれ？
おかしがひとつない！

お姉ちゃん食べたでしょ
え～っ

パタパタパタパタ
ねっ、私は青天白日だよ！

まめちしき

「青天」の出てくる言葉に、「青天のへきれき」があるよ。これは、青く晴れわたった空に、とつぜんはげしいかみなりが起こることから、とつぜん大事件やびっくりすることが起こることを言うんだ。同じような意味の言葉に「足下から鳥が立つ」「寝耳に水」「やぶから棒」などがあるよ。

●にた意味の四字熟語
・清廉潔白（163ページ）

清廉潔白

清廉……心が清く私欲がない
潔白……いさぎよく心がけがれていない

意味

心や行いがきれいで、自分勝手でなく、正しいこと。

由来

「清廉」は、心や行いが清く正しく、自分の欲がないという意味、「潔白」も清く正しく、人に対して後ろめたいことや、はずかしいことがないという意味から。

覚え得！

「清廉」を「精廉」と書きまちがえないように。

使い方

たんにんの先生は、いつも清廉潔白で公平な人だから、クラスのみんなは、何か起こると、いつでも先生のところに相談に行く。

ハワイに単身赴任中の父が帰ってくる！
ルンルン♪

警察……お父さん！なんで⁉
ガーン

お父さんは悪いことなんてしません！清廉潔白なんです！
うわー
ミユ⁉

事故の目撃証言してただけだよ…

●にた意味の四字熟語

・青天白日（162ページ）

まめちしき

「潔白」は、「身の潔白を明らかにする」「潔白を証明する」など、うたがいをかけられたときに、そのうたがいを晴らすという使い方をされることも多いね。

問題73　右の□の中に入る漢字は何？　本末□倒

是是非非

是是……正しいものを正しいとする
非非……あやまりをあやまりとする

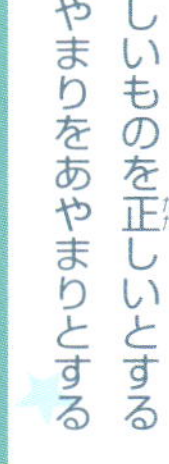

意味

公平な立場ではんだんして、良いものを良い、悪いものを悪いとみとめること。

由来

「是を是とし非を非とす、これを知という」という、荀子の教えからできた言葉。（まめちしきも見てね）

覚え得！

「非非」を「悲悲」と書きまちがえないように。

使い方

政治家は是是非非の姿勢をつらぬかなければならない。

まめちしき

荀子は、中国の戦国時代の思想家。「是を是とし非を非とす、これを知という」の後は、「是を非とし非を是とす、これを愚という」と続くよ。もし、みんながまちがったことを正しいと言っていたら、自分ひとりだけ「それはちがう」と言うのは勇気がいるよね。でもこれができる人がりっぱなんだね。

●にた意味の四字熟語

・是非曲直
・理非曲直

切磋琢磨

切……切る
磋……こする
琢……たたく
磨……みがく

意味
自分の学問や人格をみがくために努力すること。また、仲間同士がたがいにはげましあって、向上しようと努力すること。

由来
切ったりこすったりたたいたりしてみがきあげる、宝石などの細工の過程を、学問や道徳の修業になぞらえている。（まめちしきも見てね）

覚え得！
「切磋」は「切瑳」とも書く。

使い方
ぼくと山田くんは、切磋琢磨して練習にはげんだので、ふたりとも新記録を出した。

オレとヒロシは切磋琢磨して成長してきた

百点取るぞ〜！

そしてついに好きな子までも…
どっちがふられてもうらみっこなしな
当たり前だ

好きです！
ふたりともごめんなさい

まめちしき

「切磋」は動物のほねや象牙を切り、やすりでみがくこと。「琢磨」は、宝石や石をのみでけずり砥石でみがくこと。この骨身をけずるような大変な作業と自分をみがくことを重ねあわせているんだね。

●にた意味の四字熟語
・刻苦勉励

問題74 右の□の中に入る漢字は何？　枝□末節

絶体絶命

絶体……体がたえる
絶命……命がたえる

意味

追いつめられて、どうすることもできないこと。のっぴきならないこと。

由来

「絶体」は、体がそれ以上存在することができなくなることで、「絶命」はどうしてものがれられない困難な状態という意味から。

覚え得！

「絶体」を「絶対」と書きまちがえないように。

使い方

明日から二学期が始まるのに、宿題がひとつもできていないなんて、絶体絶命のピンチだ。

まめちしき

「絶体」も「絶命」も、中国のうらない「九星術」に出てくる言葉で、わざわいや破滅といった、えんぎが悪いことをあらわしているんだよ。昔の中国ではうらないがとてもさかんだったんだ。

●にた意味の四字熟語

- 窮途末路
- 風前之灯

問題75　右の□の中に入る漢字は何？　縦□無尽

千載一遇

千載……千年
一遇……一度だけ出あう

意味
千年に一度しか出会えないほどの、またとない機会。絶好のチャンスのこと。

由来
「千載」は「千年」のこと、「遇」は出あうという意味で、千年に一度だけ出あうということから。

覚え得！
「一遇」を「一隅」と書きまちがえないように。

使い方
大好きなお笑い芸人が、明日、となりの町に撮影に来るそうだ。千載一遇のチャンスなので、姉といっしょに見にいくことにした。

東桜ノ宮駅
あっ！リカちゃん
めずらしくひとりだ！

千載一遇のチャンス！
き、今日こそ告白するぞ！

リカちゃ…
あっ！パパ！
おーい

おかえり
…ん

まめちしき

「千」の出てくることわざ「ウシも千里、ウマも千里」は、歩くのがおそいウシでも速く走るウマでも同じ目的地に着くことから「速くてもおそくても上手でも下手でも、行き着く先は同じだからあわてるな」という意味なんだ。

●にた意味の四字熟語
・盲亀浮木

●にた意味の三字熟語
・優曇華

千差万別

千差……千のちがい
万別……万のちがい

意味
たくさんのものそれぞれにちがいがあること。また、種類が多くあること。

由来
千も万も、ちがうものがあるということから。

覚え得！
「万別」は「まんべつ」とも読む。

使い方
千差万別でいろいろな人がいるからこそ、面白い。

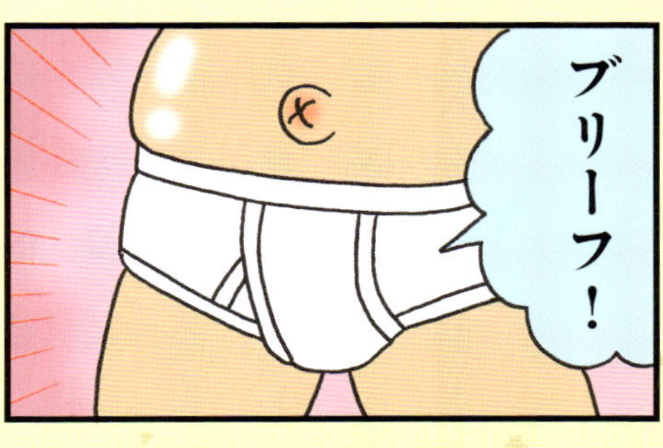

●にた意味の四字熟語
・十人十色（136ページ）
・千種万様
・多種多様

まめちしき
「千」と「万」が出てくることわざに「ツルは千年、カメは万年」というものがあるよ。これは、長生きでおめでたいことのたとえなんだ。ツルもカメも長生きすると言われているけれど、もちろん実際にはそんなに長く生きるわけではないよ。「千」「万」で、とても長いということをあらわしているんだね。

問題76 右の□の中に入る漢字は何？ □刀直入

前人未到

前人……今までの人
未到……たどりついていない

意味

今まで、だれもそこに到達していないこと。また、だれも成しとげていないこと。

由来

「前人」は、前の人ということから、昔の人が、到達していないという意味。

覚え得！

「前人未踏」と書くと、「まだだれも踏み入れていない」という意味。「前人未到」と同じように使われる。

使い方

前回のオリンピックでは、前人未到の新記録がたくさん生まれた。次回のオリンピックも、どんな記録が生まれるのか楽しみだ。

こうして柔道の鬼山選手は

一本

前人未到のオリンピック十連覇を成しとげた

鬼山源五郎

十連覇

ワー

ワー

ワー

ワー

さて問題です 次の前人未到は何連覇でしょう

はい！十一連覇です！

じゃあ練習だ！おまえたちが達成するんだぞ！
はい！
はい！
はい！

●にた意味の四字熟語

・人跡未踏
・前人未踏

まめちしき

「前人」は、自分たちより前の時代の人のことで、「先人」とも言うよ。反対に、自分たちより後の時代の人は、「後人」と言うよ。

問題76の答え 単

前代未聞

前代……前の時代
未聞……聞いたことがない

意味

今までに一度も聞いたことがないような、めずらしくて大変なできごとのこと。

由来

今よりも前の時代をあらわす「前代」と、だれも聞いたことがないという意味の「未聞」を合わせた言葉。

覚え得!

「未聞」を「みぶん」と読みまちがえないように。

使い方

私の住んでいる町で、一週間に五けんの家が空き巣に入られた。前代未聞の事件だと、静かないなか町は、大さわぎになっている。

明日はバレンタインデーかぁ
リョウタはたくさんもらうんだろうなぁ

まめちしき

にた意味の四字熟語に「空前絶後」があるね。「空前絶後」は良いとき、すごいときに使うことが多いけど、「前代未聞」は悪いときに使うことが多いんだ。

●にた意味の四字熟語

・空前絶後（87ページ）

●にた意味の三字熟語

・未曽有

問題77 右の□の中に入る漢字は何？ 晴耕□読

先手必勝

先手……先の一手
必勝……必ず勝つ

意味
相手より先にものごとを行えば、勝ったり有利な立場に立ったりできるということ。

由来
「先手」は、もともと囲碁や将棋の言葉で、先に碁石や駒を動かすこと。先に一手を打ったほうが有利ということから。

覚え得!
「先手」を「千手」と書きまちがえないように。

使い方
もうすぐバレンタイン。大木くんはもてるから、校門で待ちぶせして、朝一番にチョコレートをあげようと思う。恋の勝負は、先手必勝だ。

プーン
ポリポリ
夏は、カが多くてイヤだなぁ～
ガバッ
そうだ先手必勝だ!

バッ
虫さされの薬を先にぬっておけば
さされてもかゆくないはず!
スースーするぅぅ!!
先にぬるなら虫よけじゃない?
それもそうだ!

まめちしき
囲碁や将棋の言葉で、先に一手を打つほうが「先手」、打たれたほうは「後手」と言うよ。「後手にまわる」と言うと、相手に先をこされて、不利になることを言うんだ。

●にた意味の故事成語
・先んずれば人を制す

●反対の意味のことわざ
・急がば回れ

問題77の答え　雨

前途洋洋

前途……進んで行く先
洋洋……広びろと広がる

意味

将来が大きく開け、明るい希望に満ちていること。

由来

「前途」は、これから先の道のりで、将来のこと。「洋洋」は、水が満ちあふれて広がるようすから、希望に満ちあふれることをあらわす。

使い方

まじめに勉強していたので、だんだん成績があがってきた。前途洋洋たる気分だ。

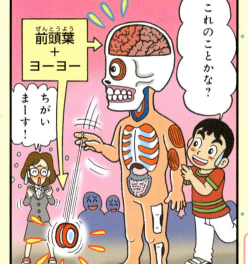

まめちしき

「途」は、目的をもって進んでいく道のことを言うよ。ぼくたちがこれから進んでいく先は「前途」。行く先に困難がたくさん待ち受けている場合は「前途多難」、目標がはるか遠くなかなか達せられそうにない場合は「前途遼遠」、成功する可能性を大いにひめている場合は「前途有望」と言うよ。

●にた意味の四字熟語
・前途有為　・前途有望

●反対の意味の四字熟語
・前途多難

問題78 右の□の中に入る漢字は何? 付□雷同

千変万化

千変……千の変化
万化……万の変化

意味 ものごとが、さまざまに変化すること。

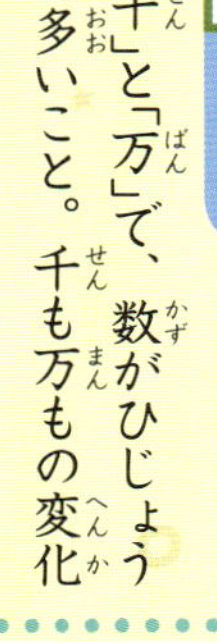

由来 「千」と「万」で、数がひじょうに多いこと。千も万もの変化ということから。

覚え得! 「万化」を「まんか」と読みまちがえないように。

使い方 ニュースで目にする国際情勢は、千変万化している。

よしみ先生は美人だ
次の問題よ

授業参観
おはようございまーす
しかし日によって見た目が変わる

体育
集合!
ピーーッ
まさに千変万化だ

うるさい!
今度はおにになった!

まめちしき

「千」と「万」の出てくる四字熟語は、たくさんあるよ。たくさんのお客さんがたえまなくやって来るという意味の「千客万来」、たくさんの経験を積んでいてしたたかという意味の「千軍万馬」、ほかにも「千差万別」「千言万語」「千山万水」「千紫万紅」「千辛万苦」「万万千千」など、辞書で意味を調べてみよう。

●にた意味の四字熟語

・変幻自在

創意工夫

創意……新しい思いつき
工夫……いろいろと考えて良い方法を得る

意味

それまでの考え方やしきたりにとらわれず、新しいものを作りだそうといろいろと考えること。また、その思いつきや工夫のこと。

由来

「創意」は、新しい思いつき、「工夫」は、それを行う方法や手段という意味から。

覚え得!

「創意」を「相意」と書きまちがえないように。

使い方

図工の時間に作った工作が、発表されることになった。創意工夫をこらしてできあがった自信作なので、みんなに見てもらえてうれしい。

まめちしき

「創意工夫にとんだ作品ですね」なんていう使い方をすることが多いよ。「とむ」というのは、ゆたかでたくさんあるということ。「たくさん創意工夫しましたね」という意味だね。

研究発表会
よく できてますね
はい、創意工夫して作りました!

ねたまま プリンが 食べられる道具
パク
パク

シャカ
シャカ
ねたまま 歯がみがける 道具

エッヘン
楽をする ためなら 労を おしまない タイプだな

●にた意味の四字熟語

・意匠惨憺

問題79 右の□の中に入る漢字は何? 起承転□

やってみよう3

マンガのセリフを考えよう

●マンガを読んで、吹き出しの中の赤い四角に入る四字熟語を下の四つの中から選ぼう。四字熟語の意味をよく考えてね。

1

2

3

1
1…油断大敵
2…心機一転
3…温故知新
4…閑話休題

2
1…猪突猛進
2…電光石火
3…国士無双
4…虎視眈眈

3
1…頭寒足熱
2…一汁一菜
3…平身低頭
4…無病息災

4

1…一望千里（いちぼうせんり）
2…東奔西走（とうほんせいそう）
3…縦横無尽（じゅうおうむじん）
4…日進月歩（にっしんげっぽ）

5

1…付和雷同（ふわらいどう）
2…大山鳴動（たいざんめいどう）
3…危機一髪（ききいっぱつ）
4…神出鬼没（しんしゅつきぼつ）

6

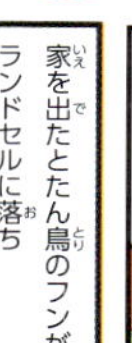
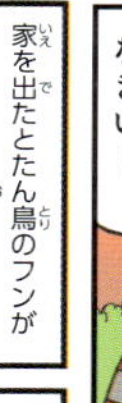

1…孟母三遷（もうぼさんせん）
2…勇猛果敢（ゆうもうかかん）
3…順風満帆（じゅんぷうまんぱん）
4…波瀾万丈（はらんばんじょう）

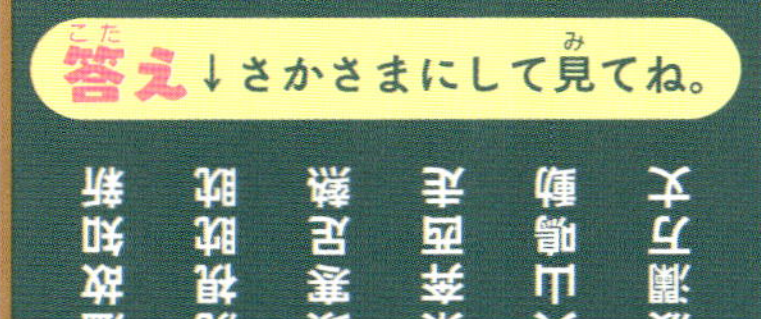

答え↓さかさまにして見てね。

⑥波瀾万丈
⑤大山鳴動
④東奔西走
③頭寒足熱
②虎視眈眈
①温故知新

マンガのストーリーに合う四字熟語を考えるピ！

生き物が出てくる四字熟語

気炎万丈
意気ごみが、まわりを圧倒するほどさかんであること。

問題79の答え　結

鳥がつく四字熟語もあるよね

ピッポ！

ピッポは!!!

だから鳥じゃないっピ!! もっと高等な生物ピーーッ

一石二鳥（43ページを見てね）

烏合之衆 統制のとれていないよせ集めの集団のたとえ。

越鳥南枝 故郷をなつかしみ、わすれがたく思う気持ち。

鶴寿千歳 ツルのように長く生きること。

四鳥別離 親子の悲しい別れのこと。

鳥語花香 のどかな春の景色のこと。

山雀利根 新しいことを知ろうとせずに、今の知識にこだわること。

問題80 右の□の中に入る漢字は何？　快□乱麻

わーっ
いっぱいあるね
虎視眈々
（98ページを見てね）
胡蝶之夢
現実とゆめの区別がつかないこと。また、人生のはかなさのたとえ。
水魚之交
まるで魚と水のように、親密ではなれがたい関係のたとえ。
井蛙之見
井戸の中のカエルが大きな海を知らないことから、ものの見方や考え方がせまいことのたとえ。
鳶目兎耳
トンビのように遠くまで見え、ウサギのように小さな音が聞けるということから、情報を集める能力が高い人のこと。

問題80の答え 刀

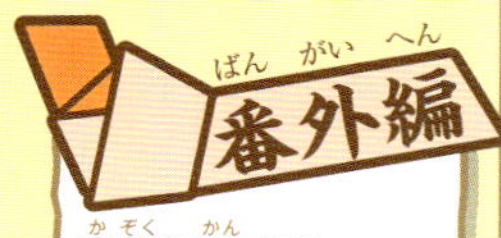

家族に関する四字熟語&ことわざ

四字熟語

乳母日傘
▶小さいときから大事に大事に育てられることのたとえ。

亭主関白
▶夫が妻に対して、いつもいばっていること。

良妻賢母
▶夫に対しては良い妻、子どもに対してはかしこい母親であること。

ことわざ

老いては子にしたがえ
▶年をとってからは、何でも子どもにまかせてしたがったほうが良いということ。

負うた子に教えられる
▶自分より年下の人や経験の少ない人に教えられることもあるということ。

親の心子知らず
▶親が心配しているのも知らずに、子どもが勝手なことをすること。

かわいい子には旅をさせよ
▶子どもを本当にかわいがるなら、世の中に出していろいろな経験をさせたほうが良いという教え。

孝行のしたい時分に親はなし
▶親孝行したいと思ったときには、もう親がいないことが多いので、後悔しないように今、親を大事にしなさいという教え。

猪突猛進
(197ページを見てね)

馬耳東風
(230ページを見てね)

多岐亡羊
にげたヒツジを追っていたが、道がいくつにも分かれていて見失ったという故事から、方針が多すぎてまようこと。

あれ？ ピッポは？

ピッポは鳥じゃないけど
鳥も悪くないピ……♡
ピ

問題81 右の□の中に入る漢字は何？　意気□合

大安吉日

大安……えんぎのよい日
吉日……えんぎのよい日

意味

えんぎがよく、ものごとを進めるのによいとされる日。

由来

「大安」は、六曜でもっともえんぎがよいとされる日。「吉日」もえんぎのよい日で、ふたつならべることで意味を強調している。（まめちしきも見てね）

覚え得！

「吉日」は、「きつじつ」「きちにち」とも読む。

使い方

いとこが結婚することになった。大安吉日はどこの結婚式場もこんでいるので、友引の日を選んで結婚式をするそうだ。

まめちしき

六曜は日がらをあらわすうらないのようなもの。先勝・友引・先負・仏滅・大安・赤口の六つがあって「大安はえんぎがよい」「仏滅はえんぎが悪い」などと言われることが多いよ。

結婚記念日

お父さんたちは大安吉日に結婚式をあげたんだよ♡

そういえば、ユリが生まれた日も大安だったなぁ～

そうなの？

本当にかわいい赤ちゃんでね…
ところで

ズル
今日は仏滅だから気をつけてね！

●にた意味の四字熟語

・黄道吉日

大願成就

大願……大きな願い
成就……成しとげる

意味
大きな願いがかなえられること。神様や仏様に願ったことが、かなえられること。

由来
「大願」は、大きな願い、「成就」は成しとげるという意味。もとは仏教の言葉で、仏様が人々を救おうとすることを言った。

覚え得！
「大願」は「だいがん」とも読む。

使い方
・父が、長年買い続けていた宝くじの一等に当選した。これこそ大願成就だと、大喜びしている。
・祖母は、大願成就のために熱心にお寺に通っている。

絵馬に願いを書いて
神様にかなえてもらおう

ようし、ぼくの願いは大きいから…

こ、これに書いたよ――!!
世界一の大金持ちになる!!
まさに大願!!

まめちしき
日本語には、仏教から生まれた言葉がたくさんあるよ。「大げさ」「がまん」「玄関」「大丈夫」「ないしょ」など。どれもふつうに使う言葉だね。

●にた意味の四字熟語
・心願成就

問題82 右の□の中に入る漢字は何？　画竜□睛

大器晩成

大器……大きな器
晩成……おそく完成する

た

今からがんばりなさい！
大器晩成とはわかいころは目立たなくてもコツコツと実力を養って後に大成することです
ひー
わっ

意味

人よりすぐれた才能のある人は、わかいときに目立たなくても年をとってから力を発揮しりっぱになるということ。大人物も大成するまでに時間がかかるということ。

由来

器は大きければ大きいほど、完成するまでに長い時間がかかるということから。（まめちしきも見てね）

使い方

通知表を見て落ちこんでいたら、父が「お父さんもおじいちゃんも大器晩成のタイプだったから大丈夫だ」と言ったが、あまりなぐさめになっていない。

まめちしき

『老子』に「大方無隅　大器晩成」という言葉が出てくるよ。「大方無隅」は、大きな大きな四角形の中にいると、四すみがないように思えて、それが四角形であることすらわからないという意味。あせって結果をさがさなくてもいいという教えかな。

●にた意味の四字熟語
・大才晩成

●にた意味のことわざ
・大きいやかんは沸きがおそい

●反対の意味のことわざ
・小なべはじきに熱くなる
・栴檀は双葉より芳し

問題83　右の□の中に入る漢字は何？　四六□中

大義名分

大義……人として進むべき道
名分……人として守るべきつとめ

意味

何かを行うときに、そうすることが正しいとまわりにみとめさせる、正当な理由やはっきりした根拠のこと。また、人として守るべきこと。

由来

人が人としてもっとも大切にしなければいけない道徳という意味の「大義」と、人として守らなければならないつとめという意味の「名分」を合わせた言葉。（まめちしきも見てね）

覚え得！

「名分」を「名文」と書きまちがえないように。

使い方

どんな大義名分があっても、戦争はよくないと思う。

まめちしき

「名分」は、もともと身分や立場におうじて守らなければならないことという意味だったよ。昔でいうと、国や君主に対して守るべきこと、となるかな。

●同じ言葉が出てくる四字熟語

・大義滅親

問題83の答え 時

大言壮語

大言……大げさな言葉
壮語……いせいのよい言葉

意味
できそうにもない、大げさなことを言うこと。また、その言葉。

由来
「大言」は大げさな言葉、「壮語」はいせいのよい言葉という意味で、にた意味の言葉をふたつならべて意味を強調している。

覚え得！
「大言」を「だいげん」と読みまちがえないように。

使い方
大言壮語をくり返していると、何を言っても信用されなくなる。実際に結果を出して、みんなをなっとくさせられるようにがんばろう。

まめちしき

事実ではないことをあれこれつけくわえて、大げさな話をすることを、「話に尾ひれをつける」と言うよ。尾ひれは、魚の尾とひれから来ているんだ。

●にた意味の四字熟語
・針小棒大（153ページ）
・放言高論

問題84 右の□の中に入る漢字は何？　前人□到

大山鳴動

大山……大きな山
鳴動……鳴りひびいて動く

意味
大さわぎをしたわりには、その結果がたいしたことがないことのたとえ。

由来
大きな山が音をたててゆれ動いたので何があらわれるのかと待っていたら、ネズミが一ぴき出てきただけだったという、西洋のことわざからできた言葉。

覚え得!
・「大山鳴動してネズミ一ぴき」と使うことが多い。
・「泰山鳴動」とも書く。

使い方
「火事だ、火事だ」と大さわぎしていたら、ただのたき火だった。大山鳴動とはこのことだ。

ゴゴゴゴ
パパ、山がゆれ動いてる!
落ち着きなさい!

昔から、大山鳴動してネズミ一ぴきと言うじゃないか
それもそうね

あっ、ほんとにネズミが一ぴき出てきた!

●にた意味のことわざ
・ヘビが出そうで蚊も出ぬ

まめちしき
にた意味のことわざに「ヘビが出そうで蚊も出ぬ」というのがあるよ。ヘビのようにこわいものが出るかと思ったら、実際は蚊ほどの小さいものさえ出なかったということ。

問題84の答え　未

大胆不敵

大胆……度胸がある
不敵……てきがいない

意味

ひじょうに度胸があって、てきをてきとも思わず平気なようす。思いきったことをするようす。また、何もおそれることがないこと。

由来

「胆」は「きも」という意味で、人間の気力や度胸のことをあらわす。「大胆」できもが大きく、「不敵」でてきをてきとも思わないということから。

覚え得！

「不敵」を「不適」や「不的」と書きまちがえないように。

使い方

犯人は大胆不敵にも、変装もせずしのびこんだらしい。

まめちしき

「不敵」は、てきをてきとも思わず、おそれを知らないことだね。「不敵な笑み」と言うと、自信満々、よゆうたっぷりでニヤリと笑うことだよ。

●にた意味の四字熟語
・沈着大胆

●反対の意味の四字熟語
・小心翼翼

問題85 右の□の中に入る漢字は何？ 勧善懲□

大同小異

大同……だいたい同じ
小異……わずかなちがい

意味
少しのちがいはあるが、ほとんど同じであること。にたりよったりなこと。

由来
だいたい同じことをあらわす「大同」と、わずかなちがいがあることをあらわす「小異」を合わせた言葉。

覚え得！
「小異」を「少異」と書きまちがえないように。

使い方
・祖母は、「最近のテレビ番組は、大同小異でおもしろみがない」と言いながら、四六時中テレビを見ている。
・かれがこだわっていることは、大同小異でしかない。

このラインがかっこいいと思わない？

こっちは指先の色がこってる！

う〜ん どっちもすてがたい

どう思うっ？
……大同小異に見える

●にた意味の四字熟語
・同工異曲（208ページ）
●にた意味の五字熟語
・五十歩百歩

まめちしき

「大同」や「小異」が出てくることわざに、「小異を捨てて大同につく」というのがあるよ。これは、小さなちがいがあったとしても、基本的なことがだいたい一致していればよしとする、という意味なんだ。

多事多難

多事……たくさんの事件
多難……たくさんの困難

意味

たくさんの事件や災難があり、こまったことや苦しいことが多いようす。

由来

「多事」も「多難」も、たくさんの困難のこと。にた意味の言葉をふたつならべて意味を強調している。

覚え得!

「他事他難」と書きまちがえないように。

使い方

今年は、あちこちで災害が起きたり、ひどい事件があったり、多事多難な一年だった。来年は平和な年になってほしい。

児童会長に立候補する人は、手をあげてください
はいっ!

ガタ
おまえ、児童会長なんかになったら多事多難だぞ?

ひそひそ~
問題が山積みで
朝から晩まで走りまわることになるんだぞ?

そういうの…大好物だ!うでが鳴るぜ~っ!!
…なら、ご自由に

まめちしき

仕事が多くて、とてもいそがしいことは「多事多端」と言うよ。世の中がとてもさわがしいようなときにも使うんだ。「多事多難」と読み方がにているから、まちがわないようにね。

にた意味の四字熟語

・多事多端　・内憂外患（216ページ）

反対の意味の四字熟語

・平穏無事

問題86　右の□の中に入る漢字は何？　□科玉条

単純明快

単純……まじりけがない
明快……はっきりしている

意味
ふくざつでなく、わかりやすくはっきりとしていること。

由来
まじりけがなくわかりやすいことをあらわす「単純」と、すじ道がはっきりしていてわかりやすいという意味の「明快」を合わせた言葉。

覚え得！
「明快」を「明解」と書きまちがえないように。

使い方
先月から新しく連載が始まったマンガは、ユニークなキャラクターと単純明快なストーリーが受けて、大人気となりそうだ。

まめちしき
「明快」が出てくる四字熟語は、ほかにも「明快闊達」というのがあるよ。これは、明るくさっぱりとしていて、小さいことにこだわらないという意味だよ。

村上くんだ……

村上くんてイケメンでさわやかで足が長くて背も高くて頭も良くてスポーツマンで性格もばつぐん……

それってつまり…単純明快に言うと……

●にた意味の四字熟語
・簡単明瞭　・事理明白

●反対の意味の四字熟語
・複雑怪奇　・複雑多岐　・不得要領

単刀直入

単刀……一本の刀
直入……すぐに入る

意味

前置きや遠回しな言い方をせず、いきなり話の本題に入ること。

由来

「単刀」は一本の刀、「直入」はすぐに入るということ。ただ一本の刀を持ち、ひとりでてきの中に飛びこむということから。

覚え得！

「単刀」を「短刀」と書きまちがえないように。

使い方

兄は、「かのじょは勉強にいそがしいし、友だちのことも大切にしているし、やさしすぎて……」とあれこれ言っているが、単刀直入に言うと、ふられたのだ。

ちょっと話が…
え？

まめちしき

「刀」と「剣」、同じような武器だけど、ちがいがあるよ。片側だけに刃がついているのが「刀」、両側についているのが「剣」なんだ。

●にた意味の三字熟語

・短兵急

問題87 右の□の中に入る漢字は何？　厚□無恥

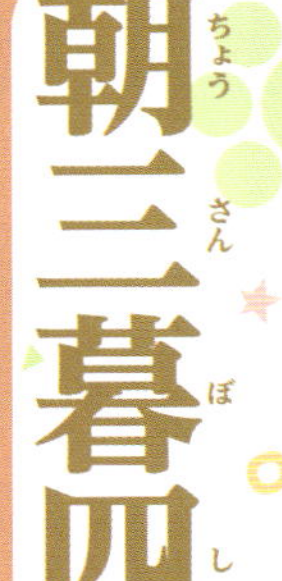

朝三暮四

朝三……朝に三つ
暮四……夕方に四つ

意味

目先のちがいや損得にとらわれて、結果が同じになることに気がつかないこと。また、うまいことを言って、人をだますこと。

由来

かっているサルにやるエサの量を減らすために、言葉たくみにサルをだましたという、中国の故事からできた言葉。
（まめちしきも見てね）

覚え得！

「朝四暮三」とも言う。

使い方

母は、セールスマンの朝三暮四の話で、だまされそうになった。

まめちしき

ある男が、かっているサルにとちの実をあげるとき、朝に三つ夕方に四つやると言ったら、サルは「それじゃ少ない」とおこったのに、朝に四つ夕方に三つやると言ったら、喜んだんだって。結局同じ数しかもらえないのにおかしいね。

●にた意味の慣用句

・手玉に取る

問題88 右の□の中に入る漢字は何？　一衣□水

朝令暮改

朝令……朝の命令
暮改……夕方に改める

意味 法律や命令がくるくると変わり、あてにならないこと。

由来 朝に出された命令（朝令）を、夕ぐれどきには改める（暮改）ことから。

覚え得！ 「朝令」を「朝礼」と書きまちがえないように。

使い方 母の言うことは朝令暮改で、いつもふりまわされている。

えー
今日のハンバーグやっぱり、やーめーた！

まめちしき

「朝令暮改」と反対の意味の言葉に、「政は恒有るを貴ぶ」というものがあるよ。実際の政治を行っていくには、つねに変わらない確固たる方針を持つことが大切である、という意味なんだ。「政」は、国家や社会を正しくおさめることという意味だよ。読み方を覚えておこう。

●にた意味の四字熟語

・朝改暮変

問題88の答え 帯

猪突猛進

猪突……イノシシが突進する
猛進……つき進む

意味

あることに向かって、がむしゃらにつき進むこと。

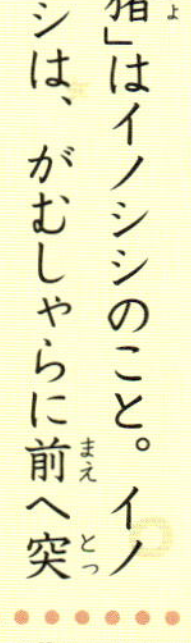

由来

「猪」はイノシシのこと。イノシシは、がむしゃらに前へ突進する習性があることから。

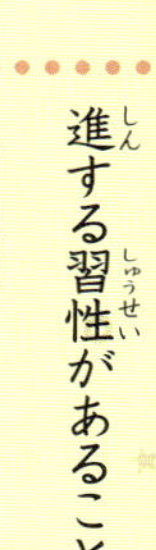

覚え得！

「猪突」を「緒突」と書きまちがえないように。

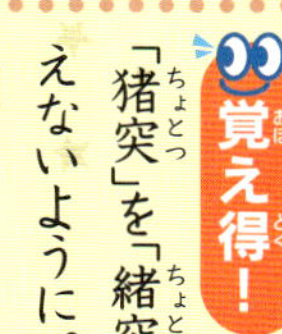

使い方

私は猪突猛進のタイプで、ときどき失敗してしまう。

パスをもらったら
ゴールに向かって猪突猛進！
そしてシュート!!

ピーッ！オウンゴール！
味方のゴールにシュートしてどーすんだ〜〜〜!!
アリャ・・

●にた意味の四字熟語

- 直情径行
- 暴虎馮河

まめちしき

「イノシシ」の名前の由来を知っているかな？「イ」は、イノシシの鳴き声をあらわしているよ。「シシ」は、もともと肉という意味で、そこからけものを意味するようになったんだ。つまり、「イと鳴くけもの」ということだね。イノシシの子どもは、背中にウリのようなしまもようがあるので、ウリぼうとよばれるよ。

問題89 右の□の中に入る漢字は何？　□色兼備

津津浦浦

津津……港
浦浦……海岸

意味
全国のいたるところ。あちらこちら。

由来
「津」は港のこと、「浦」は海岸のことで、国中の港や海岸という意味から。

覚え得!
「津津」は「つづ」とも読む。

使い方
人気ドラマに出たあのタレントの名前は、いまや津津浦浦に知れわたっている。

まめちしき
「津」も「浦」も、水に関係する漢字だね。「津」や「浦」がつく地名は、水辺に近い場所が多いよ。東京ディズニーランドのある千葉県の浦安市は、海の近く。アメリカからペリーの黒船がやってきた港は、神奈川県の浦賀というところだよ。滋賀県の大津市は、日本一大きい湖、琵琶湖のほとりだね。

転校生の吉田くん
北海道から来ました
吉田タロウです

全国津津浦浦を転校したらしい
その前は岩手で
その前は大阪にいたんだ

じゃあ大阪弁しゃべってみてよ
えー

なんでノーギャラでしゃべらなあかんねん!
すげーー!
だからいろんな方言をしゃべることができる

●にた意味の四字熟語
・全国各地

●にた意味の三字熟語
・満天下

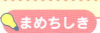

適材適所（てきざいてきしょ）

適材……てきした才能
適所……てきした所

意味
人の性格や才能を見ぬいて、それがもっとも生かされる地位や仕事につけること。

由来
「適材」は、その仕事にてきした才能の人物のこと、「適所」は、その場所にもっともてきした人物という意味から。

覚え得！
「敵材敵所」と書きまちがえないように。

使い方
父は、ぶたいの演出家をしている。だれをどの役につけるのが良いか、適材適所の役を見つけるのが面白いんだと言っている。

クラス委員決定
風規
体育
図書
これからクラスの委員を決めます

体育委員は中川くんがいいと思います

飼育係は林さんがいいと思います

図書委員は本が好きな山本さんがいいと思います
放送委員は話しが上手な坂田くんがいいです
なかなか適材適所だね

まめちしき

「適」の出てくる四字熟語に、「削足適履」というのがあるよ。小さなくつをはくために、足をけずって大きさを合わせるということから、どうでもいいことに気を取られて、大切なことをわすれるという意味なんだ。

小さい…

●反対の意味の四字熟語
・大器小用

問題90　右の□の中に入る漢字は何？　単純□快

徹頭徹尾

徹頭……頭をつらぬく
徹尾……尾をつらぬく

意味

始めから終わりまで、ひとつの考えやたいどを変えないでつらぬくようす。

由来

「徹」はつらぬくという意味で、「頭」から「尾」までつらぬくということから。

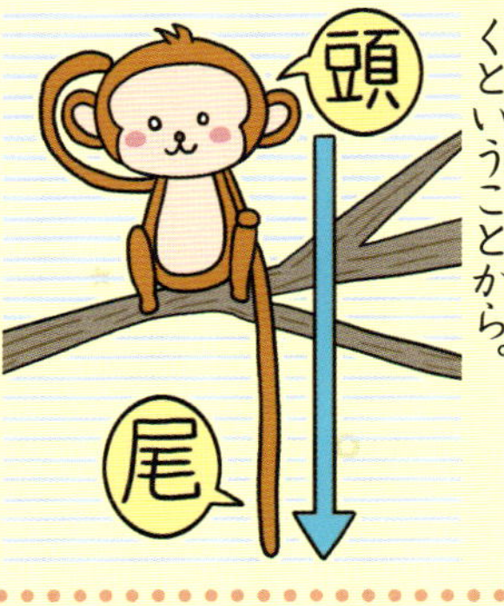

覚え得！

「撤頭撤尾」と書きまちがえないように。

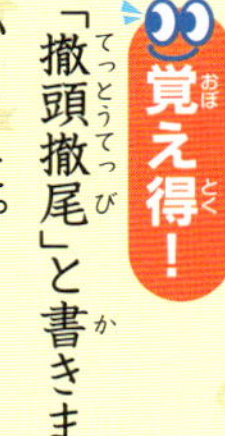

使い方

父はマンション建設に徹頭徹尾反対すると言っている。

まめちしき

「徹」が出てくる四字熟語に、「頑固一徹」というのがあるよ。これは、ひじょうにかたくなで、一度決めた考えやたいどをどうやっても変えない人のことを言うよ。「一徹」は、思いこんだことをひとすじにおしとおすこと。ひとすじに思いこんでよく考えないという意味の「一徹短慮」という四字熟語もあるんだ。

●にた意味の四字熟語

・終始一貫（134ページ）
・首尾一貫（140ページ）

問題90の答え　明

手前味噌

手前……自分で作った
味噌……食べ物のみそ

意味

自分で自分をほめること。じまんすること。

由来

「手前」は、自分が作ったという意味。自分の家で作ったみそを、おいしいとじまんするということから。

覚え得!

「手味噌」とも言う。

使い方

手前味噌だけど、私が作るクッキーの味は、お店のものにも負けないと思う。

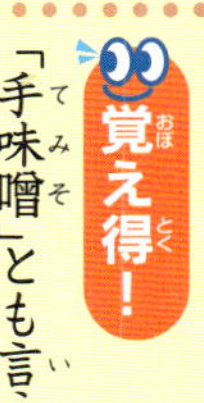

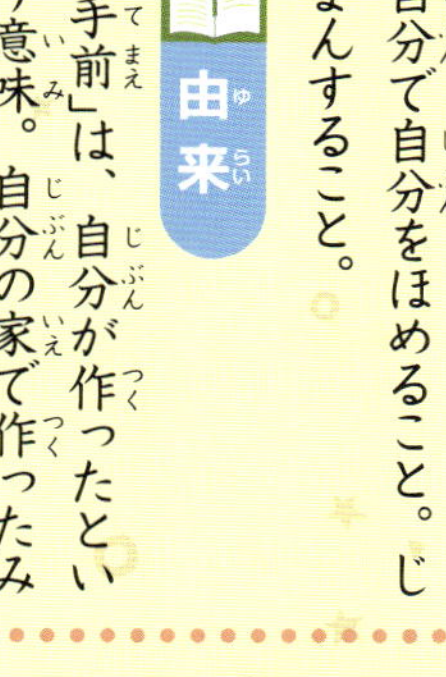

まめちしき

「みそ」は、昔はみんな家で作っていたんだよ。それぞれの家で、おいしいみそを作ろうと、工夫していたことから、人にじまんできるような工夫をこらすこと、自分がとくいと思っていることという意味で「みそ」という言葉が使われるようになったんだ。「この話は、そこがみそなんだ」なんていうふうにも使うね。

●にた意味の四字熟語

・自画自賛(114ページ)

問題91 右の□の中に入る漢字は何? 優□劣敗

天衣無縫

天衣……天人の服
無縫……ぬい目がない

意味

文章や詩歌にわざとらしさがなく、いかにも自然で、しかも完全で美しいようす。また、人がらにかざりけがなく、純真でむじゃきなこと。

由来

「天衣」は天人の服、「無縫」は服にぬい目がないという意味で、故事から生まれた言葉。（まめちしきも見てね）

使い方

新人画家の天衣無縫な絵は、多くの人に受け入れられた。

この子役の子かわいいな
ななでーす！

まさに純真！
プニプニプニこぶたの子♪
天衣無縫って感じだよな〜

この子、ぼくのクラスメイトだよ
本当か！スゴイな！

学校ではいつもいばってるよ
私はタレントよ
テレビとはちがうんだな…

●にた意味の四字熟語

・純真無垢
・天真爛漫（206ページ）

まめちしき

「天衣無縫」は中国の故事からできた言葉だよ。唐の時代の中国、庭でねていると、空から天女がおりてきた。その天女が着ている衣にぬい目がないことをふしぎに思って聞いたところ、天女は「天人の美しい着物には、はりや糸を使わないのです」と答えたというお話がもとになっているんだ。

天下太平

天下……世の中
太平……平和である

意味

世の中が、心配ごともなく、おだやかに治まっているようす。のんびりしていること。

由来

天の下にあるということから、世の中をあらわす「天下」と、平和でおだやかであるという意味の「太平」を合わせた言葉。

覚え得！

「太平」は「泰平」とも書く。

使い方

・うちのネコはいつも天下太平といった顔で、日の当たるえんがわでねてばかりいる。
・人々はみんな、争いごとのない天下太平な世の中を望んでいる。

おじいちゃんの
家は
いつ来ても
天下太平だ

昔はいろんな
ことがあった
みたい
だけど……

今は
いつも
おだやかで…
チチ
チチチ…
ニャ〜〜

みんな
おじいちゃんと
いるのが大好きだ

●にた意味の四字熟語

・平穏無事

●反対の意味の四字熟語

・内憂外患（216ページ）

まめちしき

「天下」のつく四字熟語に、「天下一品」というのがあるよ。これは、世の中にひとつしかないということから、ほかにくらべるものがないほどすぐれている、という意味なんだ。

問題92　右の□の中に入る漢字は何？　美□麗句

電光石火

電光……いなびかり
石火……火打ち石の火花

意味
とても短い時間のこと。また、動きがひじょうにすばやいことのたとえ。

由来
「電光」はいなずまの光、「石化」は火打ち石を打ったときに出る火花で、どちらもいっしゅんで消えることから。

覚え得！
「石火」を「石化」と書きまちがえないように。

使い方
ぼくが、こわれたおもちゃを直そうと悪戦苦闘していたら、兄がやってきて電光石火の早わざで直してくれた。大学の工学部で勉強しているから、さすがだな。

まめちしき

昔は、今のようにライターやガスコンロがなかったから、火を起こすのが大変だったんだ。金属に火打石を打ちつけて、火花を起こし、その火花を着火しやすい炭などにうつして火種を作り、火を起こしていたんだよ。マッチが広まったのは、明治時代に入ってからだよ。

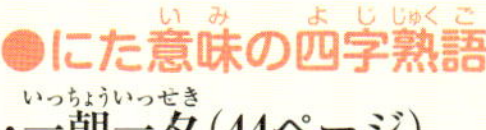

●にた意味の四字熟語
- 一朝一夕（44ページ）
- 紫電一閃

●にた意味の三字熟語
- 一刹那

問題93 右の□の中に入る漢字は何？　□天白日

天真爛漫

天真……自然でむじゃき
爛漫……あきらかにあらわれる

意味
うそやかざりけがなく、心に思うままが、あらわれるようす。

由来
自然のままでかざりけがないことをあらわす「天真」と、かがやいてあらわれることをあらわす「爛漫」を合わせた言葉。

覚え得!
「天真」を「天心」と書きまちがえないように。

使い方
私の妹は、天真爛漫だ。

わーい!!

キャハハハ…
コラー ちゃんと ふいてー!

もう～
キャハハハハ

まめちしき

「爛漫」って、とてもむずかしい漢字だね。「爛漫」は、花がさきみだれたり、明るく光あふれんばかりにかがやくようすをあらわす言葉だよ。「春爛漫」と言うと、春の花がさきみだれ、光に満ちたようすをあらわしているんだ。「夏爛漫」や「秋爛漫」とは使わないのがふつうだよ。

●にた意味の四字熟語
・純真無垢
・天衣無縫（202ページ）

問題93の答え　青

天変地異

天変……天空で起こる異変
地異……地上で起こる異変

意味
天や地上で起こる自然の災害や、変わったできごとのこと。

由来
「天変」は日食、かみなり、大雨など、天空で起こる異変のこと、「地異」は地震、津波、火山のふん火など、地上で起こる異変のことから。

覚え得!
「地異」を「地位」と書きまちがえないように。

使い方
去年は、大雨や地震など、天変地異の多い年だった。「災害のときにあわてることがないように、ふだんからそなえをしておこうね」と、家族で話しあった。

まめちしき

「朝焼けは雨、夕焼けは日和」など、天気や自然災害を予測することわざや言い伝えはたくさんあるよ。ことわざは、昔の人の生きるちえを伝えていく役目もしていたんだね。

●にた意味の四字熟語
・天災地変

●反対の意味の四字熟語
・地平天成

問題94 右の□の中に入る漢字は何? □誉挽回

同工異曲

同工……同じ手法
異曲……ことなる曲

意味

見た目はちがっているように見えても、中身はほとんど同じでちがいがないこと。また、音楽や詩文で、手法は同じであってもその味わいは様々であること。

由来

「工」は手法や技量のこと、同じ手法でもことなる曲のように聞こえることから。

覚え得！

「異曲同工」とも言う。

使い方

・大好きな歌手の最新アルバムを買ったが、聞いてみると前回のアルバムと同工異曲で、すぐにあきてしまった。
・公募の短歌の作品集に、同工異曲の作品が集まった。

どれを聞いても同工異曲で面白くないわね～
ムッ！

ならべてながめているだけで楽しいんだもん！
やれやれ

●にた意味の四字熟語

・異曲同工
・大同小異（190ページ）

まめちしき

もともとは、手法が同じでも様々な味わいがあるという意味の言葉なのに、いつからか、見た目がちがっても内容はほとんど同じと、マイナスの意味で使われるようになったんだ。こんなふうに、ぎゃくの意味が定着する言葉もあるんだね。

ほぼいっしょ…

問題94の答え　名

東奔西走

東奔……東に走る
西走……西に走る

意味

仕事や用事などのために、あちこちいそがしくかけまわること。

由来

「奔」も「走」も走るという意味で、「東」「西」で四方をあらわすことから。

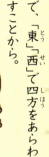

使い方

私と親友は、今度のクラスの発表会で、衣装係をすることになった。ふたりで、衣装の材料を集めるために東奔西走した。

ウチじゃかえないし どうしよう……
このままだと保健所に連れて行かれるかも

みんなでかい主さがしに東奔西走した
里親募集

よかったね！
無事にかい主が見つかった！

●にた意味の四字熟語

・南船北馬

まめちしき

「東奔西走」とにた意味の四字熟語に、「南船北馬」というのがあるよ。これは、あちらこちらを旅してまわるという意味。「東奔西走」よりもゆうがな感じだね。中国では、南の地域は川が多いので船で、北の地域は平原や山が多いのでウマで旅をすることが多かったことからできた四字熟語なんだ。

問題95　右の□の中に入る漢字は何？　平身□頭

四字熟語 穴埋めをしよう

● 空いている四角に合う漢字を書こう。

① 数をあらわす漢字が入るよ。

□衣帯水
一刻□金
□里霧中
三寒□温
□転八倒
□面楚歌
終始□貫

笑止□万
千変□化
朝三暮□
二束□文
□方美人
孟母□遷
唯一無□

② ふたつとも同じ漢字が入るよ。

以□伝□
□喜□憂
右□左□
海□山□
興味□□
□業□得
□利□欲

□□堂堂
前途□□
□事□難
□材□所
□信□疑
□眠□休
□□凡凡

③ 体に関する漢字が入るよ。

異□同音
開□一番
危機一□
厚□無恥
五□六腑
三位一□
自給自□

□尾一貫
頭寒□熱
絶□絶命
先□必勝
徹□徹尾
□前味噌
二人三□

馬□東風
平身低□
抱□絶倒
羊□狗肉
竜□蛇尾

全部、この本に出てきた四字熟語ピ！

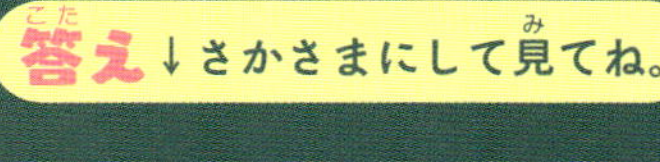

①
一衣帯水
一刻千金
五里霧中
三寒四温
七転八倒
四面楚歌
終始一貫
笑止千万
千変万化
朝三暮四
二束三文
八方美人
孟母三遷
唯一無二

②
以心伝心
一喜一憂
右往左往
海千山千
興味津津
自業自得
私利私欲
正正堂堂
前途洋洋
多事多難
適材適所
半信半疑
不眠不休
平平凡凡

③
異口同音
開口一番
危機一髪
厚顔無恥
五臓六腑
三位一体
自給自足
首尾一貫
頭寒足熱
絶体絶命
先手必勝
徹頭徹尾
手前味噌
二人三脚
馬耳東風
平身低頭
抱腹絶倒
羊頭狗肉
竜頭蛇尾

性格をあらわす四字熟語

問題95の答え 低

用意周到って言ってよ

やっぱりレベル上げよ

強いてき、面白いじゃない

用意周到
用意が十分に行きとどいていること。

こうバッタバッタなぎたおしてさ！

もえるわ!!

それ布団たたきだよ

お姉ちゃんは勇猛果敢だなー……

ん？それも悪くないけど

悪くないいんだ…

私に合いそうなもっといい四字熟語があるんじゃない？

天真爛漫とか！

才色兼備とか！

ね!?

……それ自画自賛って言うピ

問題96 右の□の中に入る漢字は何？ □瀾万丈

明朗快活
明るくほがらかで、はきはきと元気がよいこと。
温厚篤実
おだやかでやさしく、まじめであること。
謹厳実直
つつしみ深く、まじめで正直であること。

サヤカは明朗快活ユウは温厚篤実

ピッポは研究に対して謹厳実直

番外編

よく使う三字熟語・五字熟語

三字熟語

青二才
▶年がわかく、まだ一人前になっていない男。

嘘八百
▶たくさんのうそ。

有頂天
▶すっかりよろこんで、むちゅうになること。

金字塔
▶のちの世に残るようなりっぱな仕事のできばえ。

十八番
▶その人のとくいな芸。「おはこ」とも読む。

醍醐味
▶本当の面白さのこと。

破天荒
▶それまでだれもしなかったことをすること。

未曾有
▶今まで一度もなかったこと。めずらしいこと。

野次馬
▶事件などが起こったときに自分には何の関係も無いのに、人の後についてさわぐ人。

五字熟語

一姫二太郎
▶子どもは、女の子、男の子の順にうむのが育てやすいということ。

五十歩百歩
▶ちがうように見えて、実際はほとんど同じであること。

日常茶飯時
▶ありふれたこと。

問題97 右の□の中に入る漢字は何？ 天□爛漫

内憂外患

内憂……国内を心配する
外患……外国にわずらわされる

意味

自分の国の中にある心配ごとと、外国との間にある心配ごと。また、内にも外にも、とてもやっかいな心配ごとがあること。

由来

国内をうれえて心配することをあらわす「内憂」と、外国からわずらわされることをあらわす「外患」を合わせた言葉。「内」「外」は、国の内と外のこと。

覚え得！

「内憂」を「内優」と書きまちがえないように。

使い方

財政難と、外交問題の悪化で、まさに内憂外患だ。

地球内では
環境問題…

地球外では
うちゅう人が
地球を
ねらっている…

これは
全人類に
とっての
内憂外患
だ―――っ!!

まめちしき

「患」の出てくる四字熟語に「養虎遺患」というのがあるよ。これは、てきであるトラを養うということから、てきをゆるしてしまうことで後にわざわいを残すという意味なんだ。

●にた意味の四字熟語

・多事多難（191ページ）

●反対の意味の四字熟語

・天下太平（203ページ）　・平穏無事

難攻不落

難攻……せめるのがむずかしい
不落……落ちない

意味
守りがひじょうにかたくて、せめるのがむずかしいこと。また、手ごわい相手で、なかなかこちらの思い通りにならないこと。

由来
「難攻」はせめるのがむずかしく、「不落」は、城などがせめいられないこと。にた意味の言葉をふたつならべて意味を強調している。

覚え得！
「難攻」を「難航」と書きまちがえないように。

使い方
明日の将棋大会で対戦する相手は、難攻不落の強てきだ。

●にた意味の四字熟語
・南山不落
・要害堅固

まめちしき
「落ちる」という漢字は「艹」と「洛」でできているね。「艹」は草木のことで「洛」は水がぽとぽとと落ちるという意味から、もともとは葉っぱが落ちるようすをあらわしていたんだよ。

問題98 右の□の中に入る漢字は何？　□生大事

二者択一（にしゃたくいつ）

二者（にしゃ）……ふたつのもの
択一（たくいつ）……ひとつを選ぶ（えらぶ）

意味

ふたつのうち、どちらかひとつを選ぶこと。

由来

「二者」はふたつのことがら、「択」は選ぶという意味があることから、ふたつのうち、どちらかひとつを選ぶという意味。

覚え得！

「二者選一」とも言う。

使い方

今月のおこづかいは、残り五百円しかない。今日みんなでラーメンを食べに行くか、それとも明日発売のマンガを買うか、ぼくは二者択一をせまられている。

まめちしき

「二者択一」の「二者」はふたつのことやもののことだけど、ふつうはふたりの人という意味で使うことが多いね。二者が争っている間に、ほかの人が横からやってきて、たやすく利益を横取りするという意味の「漁夫之利」という四字熟語もあるよ。

●にた意味の四字熟語

・二者選一

問題99　右の□の中に入る漢字は何？　順□満帆

二束三文

二束……二束のぞうり
三文……三文のお金

意味 数が多いのに、ねだんがひじょうに安いこと。

由来 「文」は、昔のお金の単位。二束まとめても三文という安いねだんでしか売れないということから。

覚え得! 「二束」を「二足」と書いたり、「三文」を「さんぶん」と読んだりしないように。

使い方 子ども服は、リサイクルショップに持って行っても二束三文でしか売れないので、知り合いでほしい人がいたらゆずることにした。

足のふみ場もないじゃない!
いいかげんかたづけなさい!

しょうがない
古本屋に売りに行くか

二束三文にしかならなかったか
しかし、このわずかなお金を足せば…

今日発売のマンガの新刊が買えるぞ!
ずるっ
グッ

まめちしき

「文」がつく言葉に「一文無し」というのがあるよ。これは、持っているお金を全部使いはたして、一文のようなわずかなお金も持っていないという意味なんだ。「無一文」とも言うよ。

●にた意味の慣用句

・十把一絡げ

日常茶飯

日常……ふだん
茶飯……お茶やご飯

意味

ありふれていて、へいぼんなものごとのこと。身近に見聞きすること。

由来

毎日、お茶を飲んだりご飯を食べたりするように、ありふれているということから。

覚え得！

・「日常茶飯事」と、五字熟語で使うことが多い。
・「茶飯」を「ちゃはん」と読みまちがえないように。

使い方

さっき家を出た弟が、わすれ物をしたと言ってあわててもどってきた。これは日常茶飯の光景なので今ではだれもおどろかない。

三日前
おねしょしちゃった…
……

二日前
またやっちゃった…
……

昨日
またやっちゃった…
……

今日
こういうのを日常茶飯と言うのかな？
少しは反省しなさ――い！

まめちしき

「茶飯」「茶飯事」だけでも、日常のありふれたこと、という意味があるよ。お茶を飲むことは、食事と同じくらい日常にとけこんでいたんだね。

●にた意味の四字熟語

・家常茶飯
・尋常茶飯

問題100　右の□の中に入る漢字は何？　創□工夫

日進月歩

日進……一日で進歩する
月歩……一か月で進歩する

意味

科学や文化などが、たえず進歩すること。また、進歩の度合いが急速であること。

由来

「日」は一日、「月」は一か月で、日に日にということ、「進」と「歩」で進歩するということから。

覚え得！

「日進」を「日新」と書きまちがえないように。

使い方

新薬の開発は、日進月歩の発展を見せている。ぼくは将来、今は治らないと言われている病気にもきく薬を作りたいと思っている。

新しくチームに入った木村は下手だった
スカ
どんまいどんまい
しかし毎日の練習によって日進月歩でうまくなった
バシッ
おっ
うまくなったな
次の試合のスタメンを発表する
FW木村！
ぼくが！
やったな！
ガ〜〜〜ン
…ってことはオレが
ほけつ！

まめちしき

「日に日に」というのは、1日ごとに進んでいくようすを言うよ。にたような言葉に「日ごとに」「日ましに」「日ごと夜ごと」などがあるね。

日に日に前へ…

●にた意味の四字熟語

・日就月将

●反対の意味の四字熟語

・一進一退（39ページ）

問題100の答え　意

二人三脚

二人……ふたり
三脚……三本の足

意味

ふたりが協力してひとつのものごとを成しとげること。

由来

ふたりが横にならんで、内側のとなりあった足を結び、足を三本にして走る競技の名前から。

使い方

私の両親は、駅の近くで小さなレストランを経営している。仕入れから接客まで、すべて父と母の二人三脚でがんばっている。

もうすぐコンクール！
先生と二人三脚でがんばりましょ！
はいっ！

心をひとつにして、ともに進めば大丈夫よ！

ピアノコンクール
先生待って〜
ズンズンズンズン
―つい先走りがちな先生である

●にた意味の四字熟語

・一致団結

まめちしき

「足」と「脚」、どちらも「あし」と読むよね。どうやって使い分けるか知ってる？　足首からつま先の部分は「足」、足首からおしりまでを「脚」というんだって。テーブルやいすのあしのことは「脚」と書くよ。また、動物やこん虫のあしのことは、「肢」という字を使うこともあるよ。ややこしいね。

問題101　右の□の中に入る漢字は何？　一触即□

やってみよう 5

四字熟語で作文を書こう

赤い四角に入る四字熟語を下の三つの中から選ぼう。

① 明日のお弁当はサンドイッチがいいなと思って家に帰ったら、母がサンドイッチの材料を買ってくれていた。なんだか、□でうれしくなった。

(1) 奇想天外
(2) 以心伝心
(3) 異口同音

② 教室のえんぴつけずりを落として、こわしてしまった。ドキドキしながら先生にあやまりに行ったら、工作のとくいな先生は、□の早わざで、直してくれた。

(1) 百戦錬磨
(2) 臨機応変
(3) 電光石火

③ おなかがいたいのに無理してマラソン大会に出たら、散散な結果だった。運動神経バツグンと言われているぼくはくやしくてたまらない。来月の球技大会で□するぞ!

(1) 名誉挽回
(2) 不言実行
(3) 猪突猛進

④ 今年の音楽発表会は、地域の人を招待して、いっしょに歌ってもらった。初めての試みだったけれど、□が集まって、今までよりも楽しい会となった。

(1) 海千山千
(2) 老若男女
(3) 三者三様

答え↓さかさまにして見てね。

① 以心伝心
② 電光石火
③ 名誉挽回
④ 老若男女

【⑤〜⑩の答えの例】

⑤ 楽しみにしていた遠足が中止になったからだ。
⑥ めずらしくテストで百点をとったからだ。
⑦ 近所で、お年寄りをねらった事件がたて続けに起こっているからだ。
⑧ 賞味期限の切れたヨーグルトを食べておなかをこわしたからだ。
⑨ やっと休みがとれて、子どもたちを遊園地に連れていく約束を果たせたからだ。
⑩ 家族のみんなにかわいがられているからだ。

右の文の説明になるように、理由を考えて赤い四角の中に文を書こう。

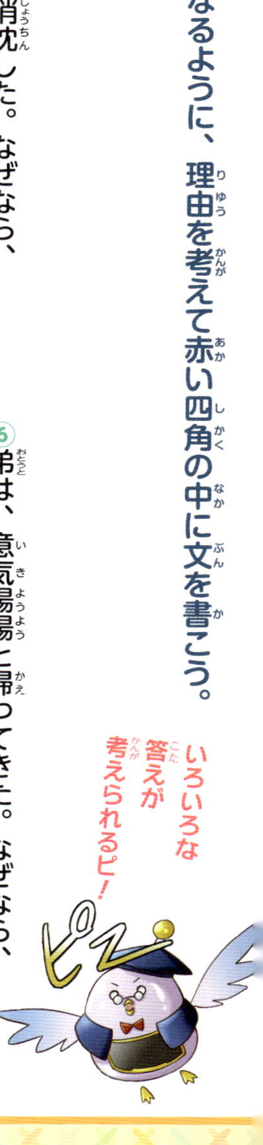

いろいろな答えが考えられるピ！
ピピ

⑤ 私は、思わず意気消沈した。なぜなら、

⑥ 弟は、意気揚揚と帰ってきた。なぜなら、

⑦ 祖母は、疑心暗鬼になっている。なぜなら、

⑧ 母は、七転八倒している。なぜなら、

⑨ 父は、ようやく名誉挽回できた。なぜなら、

⑩ ポチは、いつも天下太平だ。なぜなら、

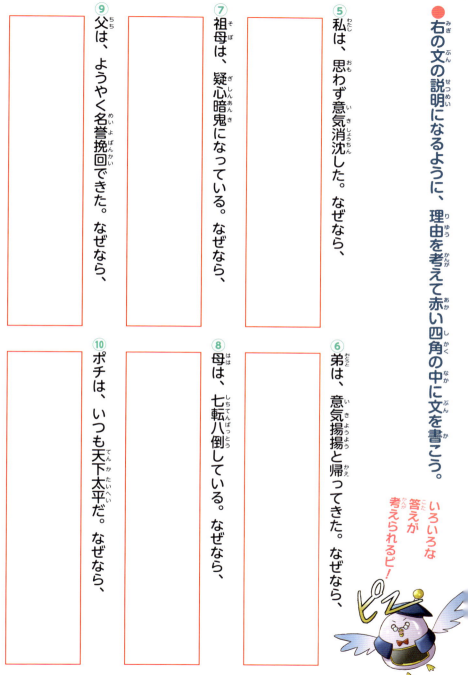

スローガンに使おう！ 四字熟語

問題101の答え 発

そうだね
ありがと…
ぐっ
そういえば今日運動会のスローガンを考えてくるって宿題が出たんだ
みんなを鼓舞するようないいのを考えて、そっちでぼくはチームに貢献するよ！
運動会にむけて
スローガン
適材適所ピ
いい考えピ!!

問題102 右の□の中に入る漢字は何？ □答無用

意気軒昂	希望に満ちて元気いっぱいなようす。
意気衝天	意気ごみがさかんなこと。
以心伝心	（20ページを見てね）
一致団結	目的のために多くの人がひとつにまとまること。
威風堂堂	おごそかな重々しさがあってりっぱなようす。
完全無欠	（71ページを見てね）
驚天動地	多くの人びとをおどろかせること。
獅子奮迅	力いっぱい動き回ること。
疾風迅雷	いきおいなどが、ひじょうにすばやくはげしいこと。
不撓不屈	どんな困難にも決してくじけないこと。
勇往邁進	目標に向かってわき目もふらずまっしぐらに進むこと。
有終完美	最後までやりとおし、りっぱな成果をあげること。
勇猛果敢	（284ページを見てね）

覚えておきたい故事成語①

悪事千里を走る
▶悪い行いや悪いうわさはすぐに広まってしまうということ。

雨だれ石をうがつ
▶小さな力しかなくても根気良く続ければ成功することのたとえ。

言うは易く行うは難し
▶口で言うのはかんたんだが、実行するのはむずかしいということ。

一を聞いて十を知る
▶一部分を聞いただけで全体を理解する。とてもかしこいことのたとえ。

雲泥の差
▶ひかくにならないほど大きなちがいがあること。

間髪を入れず
▶少しの時間もおかずに。すぐに。

杞憂
▶心配しなくてもよいことを心配すること。取りこし苦労。

牛耳る
▶団体の中心となって、自分の思い通りに動かすこと。

鶏口となるも牛後となるなかれ
▶大きな団体で一番下の地位になるよりは、小さな団体でトップになるほうが良いということ。

じゃあ、私は……
きゅぽ
これにするわ!!
風林火山
ドーン
サヤカは国でも取るつもりピ?
……小学校の運動会です
武将みたいピ…

風林火山　戦うときの心がまえ。風のようにすばやく動き、林のように静かにかまえ、火のようにはげしくせめ、山のようにどっしりと動かないということ。

問題103　右の□の中に入る漢字は何？　東奔西□

馬耳東風

馬耳……ウマの耳
東風……東からふく風

あっ！

ガッ

いたーいっ

…きみも、馬耳東風だね

意味

人の意見や注意にまったく注意をはらわず、軽く聞き流すこと。

由来

ウマの耳に心地の良い東風がふいても、ウマは何も感じないように見えるという、李白の詩からできた言葉。

使い方

・祖父はわかいころからたばこをすっている。母が、「体に悪いからやめたほうがいい」と言っても、馬耳東風でちっともやめる気がないみたいだ。

・兄は、何を言っても馬耳東風で、自分のやりたいようにしかやらない性格だ。

まめちしき

「東風」は、「東風」とも読むよ。東からふいてくる暖かい風は、春を告げる風と言われていて、特に寒い地方でくらす人たちは、この風を待ち望んでいるんだね。「東風ふかばにおひおこせよ梅の花　あるじなしとて春をわするな」という、菅原道真がよんだ有名な和歌もあるよ。

●にた意味のことわざ

・ウマの耳に念仏

・カエルのつらに水

●にた意味の慣用句

・ヤナギに風

問題104 右の□の中に入る漢字は何？　□出鬼没

八方美人

八方……あらゆる方角
美人……美しい人

意味

だれに対しても愛想良く、良く思われるように立ち回る人のこと。

由来

「八方」はあらゆる方面という意味で、どの方向から見ても欠点がないということから。

覚え得!

「美人」という言葉が入っているけれど、良くない意味で用いることが多い。

使い方

・私は八方美人だと言われるけれど、だれにでも平等に、やさしくしているだけだ。

・「そんな八方美人な態度でいると、だれからも信用されなくなるぞ」と注意された。

まめちしき

「八方」は、すべての方角という意味だよ。「八方ふさがり」と言うと、手の打ちようがないこと。昔のうらないで、どの方角に向かって事を行っても不吉な結果が出るということからできた言葉だよ。

ぼくのかのじょは美人で…

だれにでも愛想のいい
キャピ♡
キャピ♡

八方美人なのだが…
キャッ♡

ぼくには冷たい…
ツーン…
なんで?
なんで~!?
すてないで~!

●にた意味の四字熟語

・八面玲瓏

波瀾万丈

波瀾……大波と小波
万丈……ひじょうに高いこと

意味

事件などが次々に起こり、その変化がひじょうにはげしいこと。

由来

「波瀾」は大波と小波のこと、

「万丈」はひじょうに高いことから、波のように変化がはげしく劇的なようすという意味。（まめちしきも見てね）

覚え得！

「波瀾」は「波乱」とも書く。

使い方

今日は、テレビのトーク番組に父が昔から応援している女優が出るらしい。「波瀾万丈の半生を語る」というから見のがせないぞ」と、父は朝からうれしそうだ。

まめちしき

「波瀾万丈」の「丈」は、長さの単位だよ。1丈は、1尺の十倍で、約3メートル。万丈は、1丈の万倍で、ひじょうに高いことをあらわしているんだ。

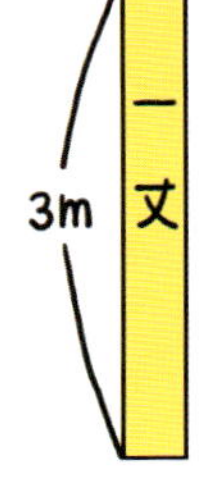

しかも信号は全部赤！

またかよ…

それでもめげずに学校についたのですが…

●**反対の意味の四字熟語**

・太平無事

問題105 右の□の中に入る漢字は何？　深謀□慮

半死半生

半死……半分死んでいる
半生……半分生きている

意味

生きるか死ぬかのさかい目。今にも死にそうで、やっと生きている状態のこと。

由来

半分は死んでいることをあらわす「半死」と、半分は生きていることをあらわす「半生」を合わせた言葉。

覚え得！

・「はんじはんじょう」「はんしはんせい」とも読む。
・「半生半死」とも言う。

使い方

かっているニワトリが、イヌにおそわれて半死半生の状態になった。すぐに病院に連れていったら、先生が「助かるよ」と言ってくれたので、安心した。

まめちしき

「半死半生」「半信半疑」「半官半民」など「半●半●」という四字熟語はいくつかあるね。半分人間で半分魚の見た目をしているということから人魚のことを「半人半魚」と言うこともあるんだって。

どうしたの？
まぁ…
ウチのウサギが車にひかれて半死半生なの
たくさん食べて元気になって
―後日
いらっしゃ〜い
食べすぎて今はこんなに元気になっちゃった

●にた意味の四字熟語

・気息奄奄

半信半疑

半信……半分信じる
半疑……半分うたがう

意味

半分信じ、半分うたがうこと。本当かうそか、判断にまようようす。

由来

心の中に、「信」も「疑」も半分ずつということから。

使い方

父の話は面白いけれど、あることないことつけ加えて話すので、家族ではいつも、「半信半疑で聞いておいたほうがいいね」と話している。

まめちしき

「疑」の出てくる四字熟語はたくさんあるよ。「疑雲猜霧」は、まわりの人のうたがいやしっと心が雲やきりがかかっているように晴れないこと。「夏虫疑氷」は、夏しか生きられない虫は冬に氷があるということを信じないことから、世間知らずの人が自分の知っていること以外を信じようとしないことを言うんだ。

●にた意味の慣用句

・眉唾物

問題106　右の□の中に入る漢字は何？　閑話休□

美辞麗句

美辞……美しい言葉
麗句……美しい語句

意味

美しくかざりたてた言葉を組みあわせた、耳に心地良い語句。また、上辺だけをかざりたてた、内容や真実味がない言葉という意味でも使われる。

由来

「美辞」も「麗句」も美しい言葉という意味。言葉をふたつならべて意味を強調している。

覚え得!

「美辞」を「美人」と書きまちがえないように。

使い方

国語の詩の授業で、「美辞麗句をならべているだけでは、心にひびく作品は書けない」と教えられた。

まめちしき

「純情可憐」「明眸皓歯」「天香国色」「解語之花」「傾城傾国」「羞花閉月」、これはみんな、女の人をほめるときの美辞麗句だよ。意味も調べてみよう。

鏡の精よ 世界で一番美しいのは だあれ?

それは もちろん

女王様で ございます!

かわいい!
おはだピチピチ
わかい!
キュート
ナイスバディ
テヘヘヘ..
美辞麗句だニャ〜〜♪

●にた意味の四字熟語

・虚礼虚文
・巧言令色

一人相撲

一人……ひとりで
相撲……すもうを取る

意味

相手もいないのに、自分ひとりでいきおいこみ、はりきること。また、成果が得られそうもないことに努力すること。

由来

もともとは、神社で神様とすもうを取る神事のこと。神様はすがたが見えないので、ひとりですもうを取っているように見えるところからできた言葉。

覚え得！

「独り相撲」とも書く。

使い方

ぼくはライバルだと思っていたけど、結局相手にされず、一人相撲だった。

バレンタインデー前日
明日はおニューのパーカーを着るぞ♪
あっ大きい紙ぶくろもいるな

校門の前で女子たちを待っていてあげなくちゃな…
並んで並んで
キャー
キャー
渡しやすいようにね

ひとりでいる時間もつくらなきゃな
恥ずかしがり屋さんもいるからね～
あの～
なんだい？

バレンタインデー当日
結果
0
オレのバカバカ
しくしく
かんぺきなる一人相撲だった……
また来年があるにゃ～

●同じ言葉の出てくる慣用句

・人のふんどしで相撲を取る

まめちしき

同じようにひとりがつく言葉に「ひとりぶたい」というのがあるよ。これは、大ぜいの中でひとりだけ目立つこと、またひとりだけ思いのままにふるまうという意味なんだ。

問題107 右の□の中に入る漢字は何？　一網□尽

百戦錬磨（ひゃくせんれんま）

百戦（ひゃくせん）……たくさんの戦い
錬磨（れんま）……きたえあげる

意味
たくさんの経験をつんで、きたえあげられること。

由来
「百戦」はたくさんの戦いを経験すること、「錬磨」はりっぱなものにきたえあげるということから。

覚え得!
「百戦」を「百千」と書いたり、「錬磨」を「連磨」と書いたりしないように。

使い方
遠足で、となりの町の城を見に行った。この城を作ったのは、戦国時代に百戦錬磨のつわものとおそれられた武将だそうだ。

まめちしき
「百戦」が出てくる四字熟語に「百戦百勝」というのがあるよ。これは、百回の戦いをしたという意味ではなくて、どんな戦いでも、戦えば必ず勝つという意味なんだ。この場合の百は、数が多いことをあらわしているんだね。

●にた意味の四字熟語
・海千山千(52ページ)
・千軍万馬

問題108 右の□の中に入る漢字は何? □前絶後

百発百中

百発……百の矢やたま
百中……百回命中する

意味

矢やたまが、打てばかならず命中すること。また、予想や計画が全部当たること。

由来

「百発」は矢やたまを百回放つこと。「中」は当たるという意味で、「百中」は百発すべてが命中すること。（まめちしきも見てね）

使い方

・父と神社のお祭りに行った。射的が得意だと言うので見ていたら、本当に百発百中で、私のほしかったぬいぐるみを落としてくれた。

・母は、明日の天気を予想するのが得意だ。今月の天気は百発百中で当てているので、私や父はテレビの天気予報よりも当てにしている。

○×駅
占い
ホント？
あの人のうらない、百発百中ってうわさだよ！

……
占ってください！

ドキーン
あなたは今なやみがある

すごいっ！
両思いになりたいのですね
あの人と両思いになるには
占

まめちしき

中国、楚の養由基という弓の名人が、百歩はなれたところからヤナギの葉をねらって、百本の矢を百本とも命中させたという、故事からできた言葉だよ。

●にた意味の四字熟語

・一発必中

品行方正

品行……行い
方正……きちんとしていて正しい

意味
行いや考え方がきちんとしていて正しく、まじめであるようす。

由来
行いやふるまいをあらわす「品行」と、行いや考えがきちんとしていて正しいことをあらわす「方正」を合わせた言葉。

覚え得！
「方正」を「方生」と書きまちがえないように。

使い方
青木さんは品行方正で、近所でもひょうばんのお姉さんだ。母親に、「あなたも、少しは見習いなさい」と耳にタコができるほど言われている。

お先に失礼しまーす！
かれはいつも品行方正だね
模範生徒です
それじゃあ！
クルッ
夜露死苦！
!?
実は不良…!?

●にた意味の四字熟語
・聖人君子

まめちしき
「品」という字は、「口」三つでできているね。「口」は、お皿や道具などをあらわしているよ。それがいくつもあることから、それぞれ個性を持つものを意味する「品」という漢字ができたんだ。

問題109 右の□の中に入る漢字は何？　自問自□

不言実行

不言……言わない
実行……行う

意味 あれこれと不平や理屈を言わず、自分が良いと思うことをだまって実行すること。

由来 「不言」で何も言わないこと、「実行」は実際に行うということから。

覚え得！ 「不言」を「無言」と書きまちがえないように。

使い方 ぼくのモットーは、言いわけせずに不言実行だ。

今日はグループで新聞作りだ
おれがメイン記事を考えるから中村さんは文字を書いてくれる？
有言実行型で人を引っぱっていく東くん

やるべきことをきちんとやる不言実行の中村さん

有言不実行…なところもあるがムードメーカーの松本くん
オレ、イラストかくで〜！
絵へたじゃん

そして不言不実行のぼくだ
ぽけー
働けよ！
さすがの中村さんもおこった

まめちしき

何も言わずに行動するのは「不言実行」だね。その反対に、言ったことを実行するのは「有言実行」。じゃあ、口で言うばかりで、ちっとも行動しないのは、「有言不実行」かな。何も言わずに行動もしないのは「不言不実行」？　辞書にはのっていないけど、こんな言葉を考えてみるのも面白いね。

●にた意味の四字熟語
・訥言敏行

●反対の意味の四字熟語
・有言実行（279ページ）

問題109の答え　答

不即不離

不即……つかない
不離……はなれない

意味
ふたつのものが、くっつきもせずはなれもせず、ちょうどいい関係であること。

由来
「不即」はくっつかないこと、「不離」は、はなれないということから、適度なきょりをあらわしている。

覚え得！
「不即」を「不足」と書きまちがえないように。

使い方
ぼくは、去年からスケートクラブに通っている。クラブのみんなは、仲間でもあるがライバルでもあるので、不即不離の関係をたもつようにしている。

リョウタくんとママってよくいっしょに出かけてるけど

トコ
トコ
トコ
トコ
トコ
特別話すわけでもなく…

ママ～♡
家に帰るとベッタリなのよね

まめちしき
不即不離の関係を、「つかずはなれずのつきあい」と言うよ。また、上辺だけのつきあいのことは、「通りいっぺんのつきあい」と言うんだ。

●にた意味の四字熟語
・不離不即

問題110 右の□の中に入る漢字は何？　□断大敵

不眠不休

不眠……ねむらない
不休……休まない

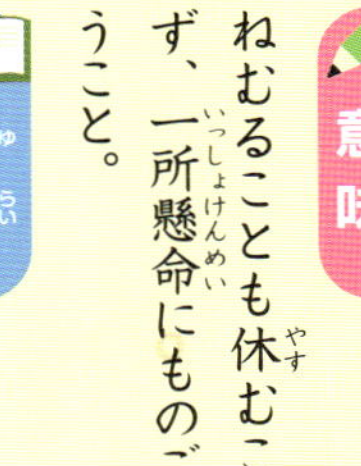

意味
ねむることも休むこともせず、一所懸命にものごとを行うこと。

由来
「不眠」はねむらないこと、「不休」は休まないことで、にたような意味の言葉をふたつならべて意味を強調している。

覚え得！
「不眠」を「不眼」と書きまちがえないように。

使い方
父は、新しいスタジアムの建設の仕事をしているが、最近ほとんど家に帰ってきていない。不眠不休でやらないと間に合わないそうだ。

まめちしき

ひらがなの「ふ」もカタカナの「フ」も、漢字の「不」からできているんだよ。よく見ると、形がにているね。ほかのひらがなにも、もとになった漢字があるから、調べてみてね。

●にた意味の四字熟語
・昼夜兼行

問題110の答え　油

不老不死

不老……年をとらない
不死……死なない

意味 いつまでも年をとらず、死なないこと。

由来 「不老」は老いないこと、「不死」は死なないことで、にた意味の言葉をふたつならべて意味を強調している。

使い方 となりのおばあさんは、八十才をすぎているはずなのに、毎日スポーツクラブにカラオケにといそがしそうにしている。近所では、「不老不死の妖怪のようだ」とうわさされている。

このアニメ、パパが子どものころからやってるよ
えっ！

じゃあこの子は三十年も小学五年生なの!?

フフフ…
まさに不老不死だな

だからハイビジョンで見ると小じわがあるんだね！

●にた意味の四字熟語
・不老長寿

まめちしき
昔から世界中の王様たちが、不老不死の薬をさがしたと言われているよ。中国の始皇帝もそのひとり。始皇帝は、不老不死の薬を作れと家来たちに無理難題をおしつけたんだ。こまった家来たちは水銀を使って薬を作ったけれど、これを飲んだ始皇帝は、水銀の毒が体にまわってすぐに死んでしまったんだって。

問題111 右の□の中に入る漢字は何？　大義□分

付和雷同

付和……人の意見にすぐ賛成する
雷同……かみなりにおうじてひびく

意味
自分にしっかりとした考えがなく、すぐに人の意見に賛成すること。

由来
「付和」は、人の意見にわけもなくしたがうこと、「雷同」はかみなりが鳴りひびくと、それにおうじて鳴りひびくという意味から。

覚え得！
・「付和」は「附和」とも書く。
・「付和」を「不和」と書きまちがえないように。

使い方
人気を得たいからと言ってすぐに多数派の意見に付和雷同するようでは、キャプテンはやっていけない。

●にた意味の四字熟語
・唯唯諾諾　・付和随行
●反対の意味の四字熟語
・一言居士（23ページ）

まめちしき

ゴロゴロとかみなりが鳴りひびくといろいろなものがその振動で鳴りひびくことから「雷同」という言葉ができたよ。昔の人はかみなりは神様が鳴らすと信じていたので「神鳴り」から「かみなり」という言葉ができたんだ。

問題111の答え　名

粉骨砕身

粉骨……ほねを粉にする
砕身……身をくだく

意味
力のかぎりをつくすこと。ほね身をおしまず働くこと。

由来
ほねを粉にし、身をくだくほど力をつくすということから。にた意味の言葉をふたつならべて意味を強調している。

覚え得！
「粉身砕骨」とも言う。

使い方
新しい市長は、わかいけれど、市をよくしようと粉骨砕身しているので人気がある。

こう見えてお父さんは、
平日、家族のために
粉骨砕身で働いている

●にた意味の四字熟語

- 一所懸命（38ページ）
- 砕身粉骨
- 粉身砕骨

まめちしき

「身」がつく慣用句を集めてみたよ。「身を粉にする」「身をくだく」「身をけずる」は、苦労してがんばるという意味。「身をすてる」「身をていする」は、自分をぎせいにすること。「身をこがす」は、苦しいほどこいしく思うこと。「身をかためる」は、しっかりと身じたくをするという以外に、結婚するときにも使うね。

問題112 右の□の中に入る漢字は何？　□磋琢磨

文武両道

文武……学問と武道
両道……両方の道

問題112の答え 切

意味

学問と武道の両方。また、その両方にすぐれていること。現在では、勉強と運動の両方にすぐれているという意味で使われることも多い。

由来

「文」は学問、「武」は武道、その両方の道がすぐれているという意味。

覚え得！

「文武」を「もんぶ」と読みまちがえないように。

使い方

となりのクラスの木村くんは、文武両道で努力家でかっこいい。ぼくも、勉強も運動もがんばろうと思う。

まめちしき

「武道」は「武士道」とも言って、武術だけではなく、武士の守るべき道、心得という意味があるよ。武道にすぐれるというのは、ただ運動ができるだけじゃなく、れいぎ正しく真面目に生きようとするしせいが大切なんだ。ヨーロッパには「騎士道」と言われるものもあるんだよ。

●にた意味の四字熟語

・知勇兼備

問題113 右の□の中に入る漢字は何？　自□自在

平身低頭

平身……身をかがめる
低頭……頭を低くする

意味

体をかがめて頭を低く下げ、心からおそれいること。また、ひたすらあやまること。

由来

「平身」は身を低くしてかがめること、「低頭」は頭をひくく下げることから、おそれているようすをあらわす。

覚え得!

・「低頭平身」とも言う。
・「低頭」を「底頭」や「低当」と書きまちがえないように。

使い方

・姉の大切にしていたティーカップをわってしまったけれど、平身低頭してあやまったら、ゆるしてくれた。
・おそろしい王様を前にして、民は平身低頭している。

まめちしき

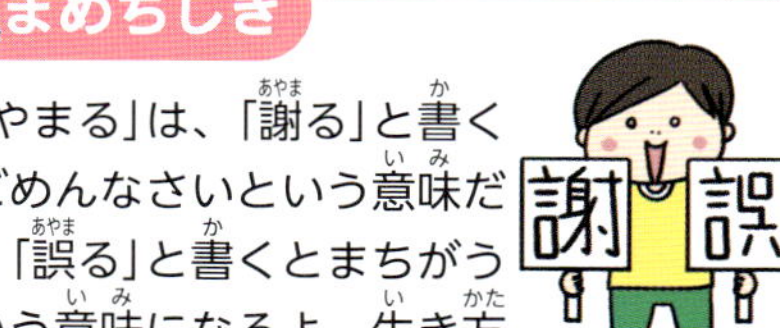

「あやまる」は、「謝る」と書くとごめんなさいという意味だし、「誤る」と書くとまちがうという意味になるよ。生き方をまちがえるという意味の「身を誤る」、人生をだめにするという意味の「一生を誤る」なんて言葉もあるよ。

●にた意味の四字熟語
・三拝九拝　・低頭平身

●反対の意味の四字熟語
・傲慢無礼

平平凡凡

平平……ふつう
凡凡……ふつう

意味

特にすぐれたところがなく、ごくありふれているようす。

由来

「平」も「凡」も、ふつうという意味。「平凡」で特にすぐれたところがないという意味で、それをふたつ重ねて、意味を強調している。

覚え得！

「平凡平凡」と書きまちがえないように。

使い方

「平平凡凡な毎日なんてつまらない」と言ったら、「平凡な毎日っていうのは、平和で幸せな毎日ということ、ありがたいことだよ」と、父がしみじみと言った。

昨日のニュース見た？
うんうん
何が起こるかわからない時代よね

平平凡凡な人生が一番だよね
そうそう！ぜいたくなんて言えないいわ

夏休みはイタリア冬休みはハワイ
私もそんな感じで平平凡凡にくらしたいの

スペインもいいわね
う、うん
そ、そうね
お金持ちの高木さんは平平凡凡のレベルが高い

まめちしき

「平成」という年号の由来を知ってる？「平」は「平和」、「成」は「達成」からとった一字で、「内外、天地とも平和が達成されるように」という思いがこめられているんだよ。

●にた意味の四字熟語
・尋常一様　・千編一律

●反対の意味の四字熟語
・奇想天外（77ページ）・唯一無二（278ページ）

問題114　右の□の中に入る漢字は何？　手前□噌

傍若無人

傍……かたわらに
無人……人がいない
若……〜のようだ

意味
まわりを気にせず勝手気ままにふるまうこと。

由来
「傍」は、そば、まわりということで、「若」は「〜のようだ」ということ。そばに人がいないかのようにふるまうという意味。

覚え得！
「傍らに人無きが若し」とも言う。

使い方
ぼくが電車で大声でふざけていたら、「傍若無人なふるまいはやめなさい」と注意された。これからは気をつけなくてはいけない。

まめちしき
秦の時代の中国、ある男たちが、酒を飲んではよっぱらい、歌ったりさわいだりして、まるでそばに人がいないかのようなふるまいをしてくらしていたという、『史記』に出てくる故事からできた言葉だよ。

●にた意味の四字熟語
- 得手勝手
- 勝手気儘
- 傲岸不遜

味

茫然自失

茫然……あっけにとられる
自失……自分を失う

意味
気がぬけて、ぼんやりとしてしまうこと。われをわすれること。

由来
「茫然」は、あっけにとられてぼんやりすること、「自失」は自分を失うほどぼんやりすることから。

覚え得！
・「茫然」は「呆然」とも書く。
・「茫然」を「茫全」と書きまちがえないように。

使い方
親友にもらった大切なペンダントをつけて、遊園地に遊びに行った。帰って着がえようとしたらペンダントがなくなっていて、茫然自失となった。

●にた意味の四字熟語
・放心状態

●にた意味の慣用句
・あっけにとられる

まめちしき

茫然自失のときは、何も言えなくなってしまうよね。おどろきあきれて何も言えないことを「開いた口がふさがらない」とも言うよ。

問題115 右の□の中に入る漢字は何？ 荒唐□稽

抱腹絶倒

抱腹……はらをかかえる
絶倒……転げまわる

意味

おなかをかかえて転げまわりそうなほど大笑いすること。

由来

「抱腹」で、おなかをかかえること、「絶倒」で転げまわることから、はらをかかえて笑うようす。

覚え得！

・「抱腹」は「捧腹」とも書く。
・「抱腹」を「抱復」と書いたり、「絶倒」を「絶到」と書いたりしないように。

使い方

クラスの人気者、中田くんはいつもおもしろい話をしてみんなを笑わせてくれる。今日も、中田くんの話でみんな抱腹絶倒した。

なんでやねん！
ギャハハハハ！

抱腹絶倒〜〜!!
ギャハハハ!!
いいなぁ…

私も抱腹絶倒したいけど…
このおなかは重すぎてかかえられないわ…
苦笑…
ママ……

まめちしき

大笑いすることを、「はらをかかえる」と言うよ。大笑いするときはおなかの筋肉を使うから、おなかに力が入って、無意識に手でかかえてしまうんだね。「はらがよじれる」なんて言い方もあるね。

●にた意味の四字熟語

・呵呵大笑
・破顔大笑

本末転倒

本末……根本的なこととささいなこと
転倒……ひっくり返る

意味
ものごとの重要なところとそうでないところを、取りちがえること。また、大切なことと、つまらないことが反対になってしまうこと。

由来
「本」は根本的なこと、「末」はささいなこと、それがひっくり返るということから。

覚え得!
「本末」を「本未」と書いたり、「転倒」を「転到」と書いたりしないように。

使い方
やせたくてダイエットを始めたのに、「ごはんをがまんした分おかしを食べてもいい」なんて、本末転倒だよ。

まめちしき
「主客転倒」にも、転倒という言葉が出てくるね。どちらも、立場が入れかわるという意味を持っているよ。「転倒」は「顛倒」とも書くんだ。

転
倒
くるり

今日の試合ぜったい勝とうな!
もちろんだぜ

そのために昨日もハードにトレーニングしてきたぜぇ!

試合開始
特訓の成果を見せてくれ!
よっしゃ来た!

あれ?
筋肉痛で動けない…
本末転倒だろ!

●にた意味の四字熟語
・冠履転倒
・主客転倒(138ページ)

問題116 右の□の中に入る漢字は何? 花鳥風□

レポートを作ろう

作り方

●四字熟語を集めて、レポートを作ろう。

1 テーマを決めよう。
左のテーマを参考にしてね。

四字熟語のつくりに関するテーマ
・一字目と三字目が同じ
・下の二文字が同じ
（60～61ページにいろいろなつくりが出ているので、参考にしてね）

四字熟語の漢字に関するテーマ
・数の漢字が出てくる
・生き物の漢字が出てくる
・食べ物の漢字が出てくる

四字熟語の使い方に関するテーマ
・目標になる
・ほめ言葉になる
・けなし言葉になる

2 テーマに合う四字熟語をこの本や辞書などで調べて、ノートに書きだそう。
それぞれの四字熟語の意味も書こうね。

3 書き出した四字熟語を見て、気づいたことやわかったこと、感想などを、「ポイント」として書きだそう。

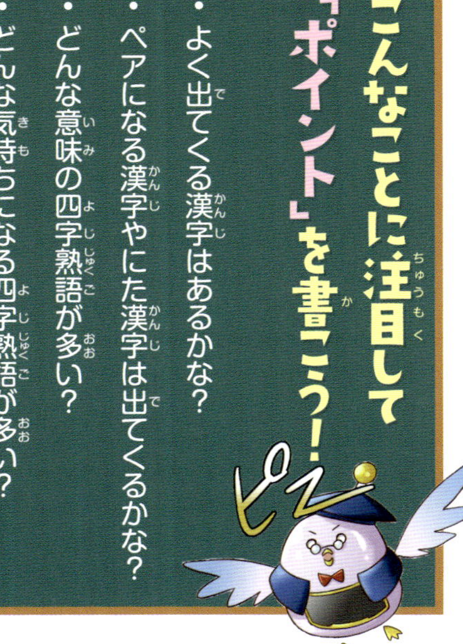

こんなことに注目して「ポイント」を書こう！
・よく出てくる漢字はあるかな？
・ペアになる漢字やにた漢字は出てくるかな？
・どんな意味の四字熟語が多い？
・どんな気持ちになる四字熟語が多い？
・どんなときに使う四字熟語が多い？
ピン

レポートの例1

4月 5日 火曜日

四字熟語レポート

●テーマ……気分をあらわす四字熟語

・意気軒昂……希望に満ちて元気いっぱいなようす。
・意気消沈……がっかりして元気がなくなること。
・意気揚揚……結果がよくて得意になっているようす。
・一喜一憂……状況が変わるたびに喜んだり落ち込んだりと気持ちがゆれうごき、落ち着かないこと。
・喜怒哀楽……人間のいろいろな感情のこと。
・自暴自棄……思い通りにならないために、わざと自分をそまつに扱い、無茶なことをすること。
・怒髪衝天……髪の毛が逆立つほど、はげしくおこること。

月 日 曜日

ポイント

・「意気」がつく四字熟語が多い。
・「意気」を辞書で調べたら、気立て、心もち、気力、気合などの意味があった。
・気分をあらわす四字熟語か、性格をあらわす四字熟語かで、まようものが多かった。
・意味を調べていたら、喜怒哀楽はそのときの気分をあらわす言葉ではないので、ほかのものと少しちがうように思った。
・髪の気が逆立つほどおこるというたとえが、おもしろかった。

日付を書いておこう。

はじめにレポートのテーマを書こう。

むずかしい漢字には読み仮名をふっておこう。

よく出てくる言葉があったら、意味を調べてみよう。

気になったことや迷ったことがあったら、書いておこう。

レポートの例2

4月 5日 火曜日

四字熟語レポート

●テーマ……色の漢字が出てくる四字熟語

・青息吐息……ひじょうにこまっているときに出る息。またその様子。
・一攫千金……苦労しないで一度に大金を手に入れること
・一刻千金……過ぎてしまうのが惜しい、楽しい時間や大切な時間。
・金科玉条……自分の考えのよりどころとなる最も大切な物事。
・黄塵万丈……空が黄色に見えるほど、土煙が高くあがること。
・白河夜船……何が起こっても気がつかないほどぐっすりねむること。
・青天白日……後ろ暗いことがないこと。うたがいが晴れること。
・千紫万紅……色とりどりの花が咲き乱れるようす。
・白砂青松……白い砂と青青とした松がつらなる美しい浜辺の景色。

月 日 曜日

ポイント

・「金」と「白」の出てくる四字熟語が多い。
・「金」を辞書で調べたら、色だけじゃなく、金属やお金や貴重なものという意味があった。「一攫千金」の金はお金で、「一刻千金」の金は貴重なものという意味だと思う。
・「銀」のつく四字熟語は見つけられなかった。
・ふたつの色が出てくる四字熟語が多い。

●発展……「色」が出てくる四字熟語

・喜色満面……うれしそうな表情が顔いっぱいにあらわれている様子。
・古色蒼然……いかにも古めかしい様子。
・十人十色……人によって、好みや考え方がちがっていること。

色の漢字がわかるように文字の色を変えたり、印をつけたりしよう。

自分で発見したことも書いておこう。

関連することがあったら、「発展」として、まとめておこう。

百鬼夜行

さまざまな妖怪が列をなして夜行すること。

魑魅魍魎

山のかいぶつや川のかいぶつ。さまざまな化け物のこと。

周章狼狽

ひじょうにうろたえ、さわぐこと。

問題117 右の□の中に入る漢字は何？ 傍若無□

阿鼻叫喚
人びとが泣きさけぶ、むごたらしい状態のこと。
神出鬼没
(152ページを見てね)
VS
妖怪変化
妖怪がすがたを見せたような、あやしくふしぎなもの。化けもの。
疑心暗鬼
(76ページを見てね)
戦戦恐恐
何かが起きるのをおそれて、びくびくするようす。

覚えておきたい故事成語②

虎穴に入らずんば虎子を得ず
▶多少のあぶないことをしなければ、大きな成功はできないことのたとえ。

歳月人を待たず
▶年月は、人の都合にかまわずに、どんどんすぎてしまうということ。

去る者は追わず
▶はなれていこうとする人のことは、むりにひきとめないほうが良い。

弱冠
▶年がわかいこと。

守株
▶古い習慣にこだわって、進歩しないこと。

少年老い易く学成り難し
▶わかいと思ってもすぐに老人になってしまうので、時間をおしんで勉強すべきであるということ。

過ぎたるはなお及ばざるがごとし
▶やりすぎることは、足りないのと同じように良くないということ。

千里の道も一歩より始まる
▶どんなに大きな仕事も小さいことから始まるということ。

双璧
▶どちらがよりすぐれているか決められないふたつのもののこと。

死屍累累
死体が重なり合うようす。

絶体絶命
（166ページを見てね）

出口

危機一髪
（73ページを見てね）

……で
何でこうなるわけ？
ブル
ブル
ガタ
ガタ

問題118　右の□の中に入る漢字は何？　牛□馬食

満場一致

満場……その場のみんな
一致……ひとつになる

意味
その場にいる人全員の意見が、ひとつになること。反対する人がひとりもいないこと。

由来
「満場」は、その場にいるすべての人のこと、「一致」は意見が同じになること。

覚え得!
「満場」を「万場」と書いたり、「満上」と書いたりしないように。

使い方
・来年のイベントでは、新しいアイデアを採用することが、満場一致で決まった。
・新商品の商品名を決める会議が開かれ、満場一致でA案に決まった。

●にた意味の四字熟語
・異口同音(19ページ)
・衆目一致
・全会一致

まめちしき
「満」のつく言葉に、「満ざらでもない」というのがあるよ。これは、まったく悪いというわけではないという意味。けっこういいかなと思っているけど、はずかしかったり見栄をはったりして、すなおに喜べないときなんかに使われるんだ。

問題118の答え 飲

三日天下

三日……短い時間
天下……天下をとる

意味

ひじょうに短い期間しか、地位や権力を持つことができないこと。

由来

「三日」は、ひじょうに短いこと。「天下」は、天下をとるということで、国をおさめる意味から。

覚え得！

「みっかでんか」とも読む。

使い方

新しい首相は、あっさりと辞任してしまった。まさに、三日天下だ。

まめちしき

「三日」のつくことわざに、「三日見ぬ間のサクラ」というのがあるよ。これは、ものごとの変化や世の中のうつり変わりが早いことのたとえなんだ。三日外に出ないでいたらサクラの花がさきそろっていたという、江戸時代の俳句、「世の中は三日見ぬ間にサクラかな」からできたことわざだよ。

●にた意味の四字熟語

・三日大名　・短期政権

●反対の意味の四字熟語

・長期政権

問題119　右の□の中に入る漢字は何？　奇想天□

三日坊主

三日……短い時間
坊主……おぼうさん

意味

ものごとにあきやすく、決心したことが長続きしないこと。また、そのような人。

由来

出家してぼうずになっても、修行のきびしさにたえられず、すぐにやめてしまう人が多いことから。

覚え得!

「坊主」を「防主」と書きまちがえないように。

使い方

今年の目標は、毎日漢字の練習をして、漢字検定に合格すること。でも、三日坊主で、結局練習したのは最初の一週間だけだった。

まめちしき

おぼうさんの修行はとてもきびしいんだよ。朝暗いうちから起きだして、おきょうを読んだりそうじをしたり、食事もとても質素で肉や魚は食べずに、修行するんだ。そのために、たえきれずににげだす人も多かったんだって。

●にた意味の四字熟語
・意志薄弱

●反対の意味の四字熟語
・意志堅固

問題120　右の□の中に入る漢字は何？　一期一□

無我夢中

無我……われをわすれる
夢中……熱中してわれをわすれる

意味
ひとつのことに熱中するあまり、自分やほかのことをすっかりわすれるようす。

由来
自分をわすれることをあらわす「無我」と、熱中してほかのことを考えられないことをあらわす「夢中」を合わせた言葉。

覚え得!
「夢中」を「無中」や「霧中」と書きまちがえないように。

使い方
妹の手前、大きらいなお化けやしきに入ることになってしまった。でも、無我夢中で走って通りぬけたので、何がいたのか全然わからなかった。

ねえねえ お兄ちゃん
遊ぼうよ~

おかしの時間だよ~

ワーワー
ギャハハハハッ
テレビ面白いのにー どうしたのー

今のを無我夢中と言います
スゴイ!
無我夢中

まめちしき

「むちゅうになる」ってすてきなこと。「熱中する」とも言うね。同じような意味だけど「むちゅうになる」は、われをわすれてまわりが見えていないようすを、「熱中する」は熱心に取り組んでいるようすをあらわすんだ。

●にた意味の四字熟語
・一意専心
・一心不乱(41ページ)

無病息災

無病……病気をしない
息災……わざわいをふせぐ

意味

病気をしないで、健康であること。

由来

「無病」は病気にかかっていないこと。「息災」は、わざわいや病気をふせぐということから。にた意味の言葉をふたつならべて意味を強調している。

使い方

冬至の日には、ゆずをおふろに入れて無病息災を願う風習がある。

今年こそ宝くじが当たりますように！当たりますように！

まめちしき

神社にお参りに行くと、「無病息災」や「家内安全」を絵馬に書く人は多いね。ほかにも、こんな四字熟語を書くと、みんなに感心されるかも。願いごとをかなえたいときは「大願成就」「心願成就」。勉強に関する「学業上達」「試験合格」。健康に関する「病気平癒」「身体健勝」。運を良くしたいときは「開運招福」「開運厄除」だね。

●にた意味の四字熟語

- 無事息災
- 平穏無事

問題121 右の□の中に入る漢字は何？　一□両得

名誉挽回

名誉……良い評判
挽回……取りもどす

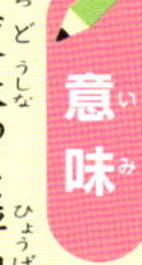

意味

一度失った評判や信頼を取りもどすこと。

由来

「名誉」は、世間からすぐれているとみとめられたこと、良い評判。「挽回」はぐるりと回してもどすことから取りもどすという意味。

覚え得！

「挽回」を「晩回」と書きまちがえないように。

使い方

昨日の朝練は、ねぼうをしてちこくしてしまった。キャプテンなのにこんなことじゃいけない。今日は一番に行って、名誉挽回しよう。

日曜日
パパはこう見えて料理が得意なんだぞ！

トホホ…
…これは、何を作ろうとしたの？
パエリア…

ジュ
ジュー
よし、名誉挽回だ！今度はオムレツを作ってみるぞ！

スクランブルエッグとってもおいしいよ
う～ん……ま、いいか！

まめちしき

にた意味の四字熟語に「汚名返上」があるよ。「返上」は返すことだから、一度受けた汚名を返して名誉を取りもどすという意味だね。「汚名挽回」と、まちがって使わないように気をつけよう。

●にた意味の四字熟語

- 汚名返上
- 名誉回復
- 面目躍如

孟母三遷

孟母……孟子の母
三遷……三回引っこしする

意味 子どもの教育には、環境を選ぶことがとても大切であるという教え。

由来 「孟母」は孟子の母、「三遷」は三度移ること。おさない孟子が葬式のまねをして遊ぶので墓地の近くから引っこし、商売のまねをして遊ぶので街中から引っこし、学校の近くへ引っこしたられいぎ正しい遊びをするようになったので、そこにずっと住むことに決めたという、中国の故事からできた言葉。

使い方 私の母は、孟母三遷の教えの通り、子どもたちにとって環境の良いところに住みたいと、今の家に引っこしした。

きみは
昨日転校
してきた子
だよね？
うん、
今回が
三回目の
引っこし
なんだー

すごーい！
ひょっとして
きみの
教育環境の
ため？
まるで
孟母三遷だね！
ちがうよ

ぼくのママは
そばが大好きで
引っこしそばが
食べたく
なると
引っこし
するんだ！
え～～っ!?

まめちしき

「孟母断機の教え」というのもあるよ。これはものごとをとちゅうでやめてはいけないという教え。孟子が勉強をやめようとしたときに、お母さんが大切におっていた機おりの糸を切ってみせ、修業はとちゅうでやめてはいけないと教えたという話からできた言葉なんだ。

●にた意味のことわざ
・麻の中の蓬
・朱に交われば赤くなる

問題122 右の□の中に入る漢字は何？ 意味深□

門外不出（もんがいふしゅつ）

門外……門の外
不出……出さない

意味

とても大切な芸術品や、すぐれた技術を、持ち出したりかしたりしないで、自分のところに大切にしまっておくこと。

由来

「門外」は門の外ということで自分の所から外の意味、「不出」は出さないということから。

覚え得！

「門外」を「問外」と書きまちがえないように。

使い方

織田くんの家には、大きな倉がある。中には、先祖代々受けついでいる、門外不出のお宝がたくさんしまってあるそうだ。

まめちしき

「門外」のつく言葉に「門外漢」というのがあるよ。これは、そのことについて専門でない人、そのことに関わりのない人という意味。「漢」には、男の人という意味があるんだ。

も〜こんなゴミすててよ！
でも〜昔インドで買ってさー

ありがたやー
それ以来そのつぼは門外不出のお宝となった

●にた意味の四字熟語

・一子相伝　・他言無用

●にた意味の慣用句

・虎の子

問答無用

問答……問いと答え
無用……用がない

意味
話し合いや議論の必要がないということ。話し合っても無意味なこと。

由来
「問答」は、問うことと答えることで、話し合いの意味。「無用」は用が無いということから。

覚え得！
「無用」を「不要」と書きまちがえないように。

使い方
姉にお金を借りようとしたら、問答無用でことわられた。

フン…

まめちしき
とんちんかんでかみあわない会話という意味の「蒟蒻問答」という言葉があるよ。お寺のおぼうさんの代理をすることになったこんにゃく屋の主人が、旅のおぼうさんに禅問答をしかけられ、とんちんかんな答えをしたらそれがかえって相手を感心させたという、落語からできた言葉なんだ。

●にた意味の四字熟語
・言語道断（102ページ）

●にた意味の慣用句
・有無を言わせず　・四の五の言わせず

問題123　右の□の中に入る漢字は何？　□故知新

やってみよう7 四字熟語クロスワード

●四字熟語になるように空いているマスに漢字を書いて、クロスワードを完成させよう。

【たてのかぎ】

1 ひとつのことをして同時にふたつの利益を得ること。

2 もつれたものごとを手際よく処理すること。

4 人と人との心がひとつになって強く結びつくこと。

6 広々として見晴らしがいいこと。

8 三日ほど寒い日が続いた後、四日ほど温かい日が続く天候。

9 はらの中。体の中。

10 始めから終わりまで変わらないこと。

答えは295ページにのってるピ！

【横のかぎ】

1 ひと目見ただけで、あきらかにわかること。

3 口を開いたとたん、まっさきに話を始めること。

5 ふたつのうちの、どちらかを選ぶこと。

6 ひとつのことに集中して、心を乱されないようす。

7 いろいろな経験を積み、悪がしこいこと。

9 ものごとのようすがわからず、どうしてよいかわからないこと。

11 始めはいきおいがよいが、終わりはしりつぼみなこと。

12 一日中。

1	目	瞭				2
石		3	口	4	番	刀
5	者	択	6	心	不	
鳥			望			麻
7	千	山		体		
	8	9	里	霧		10
	寒	臓	11	頭	蛇	
	12		時			一
	温	腑				貫

座右の銘に使える四字熟語

無為徒食
何の仕事もせずぶらぶらと遊びくらすこと。

一日一善
一日にひとつだけでも何か良い行いをすること。

一念通天
一心に念じ努力し続ければ、必ずなしとげられるということ。

自主独立
ほかの人をたよらず自分の意志で責任を持ってものごとを行うこと。

ぼくはささやかだけど一日一善かな

はる兄は？

そうだなー

一念通天や自主独立なんかが好きだね

問題124　右の□の中に入る漢字は何？　海千□千

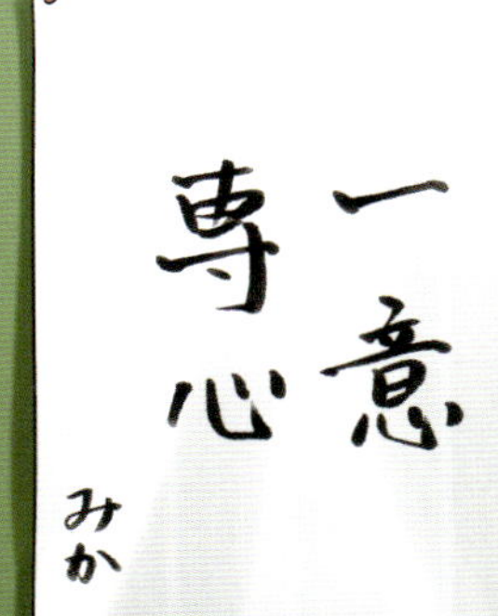

一意専心

ほかのことを考えずに、ひとつのことに気持ちを集中させること。

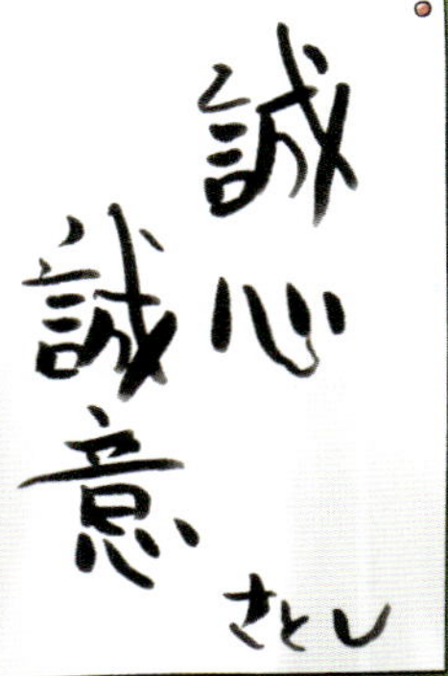

誠心誠意

（159ページを見てね）

問題124の答え　山

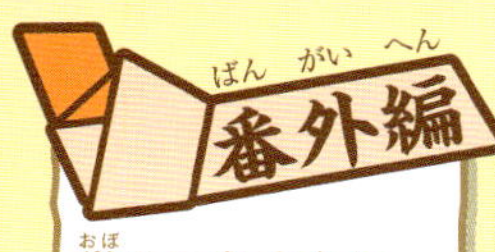

覚えておきたい
故事成語③

蛇足
▶あってもむだなもの。よけいなもの。

頭角をあらわす
▶知識や才能が人よりすぐれていて、目立つようになる。

登竜門
▶出世や成功のために通らなくてはならないむずかしい関門。

トラの威を借るキツネ
▶弱い人が強い人の力を頼り、そのかげにかくれていばること。

鳴かず飛ばず
▶これと言って目立つ活躍や行いをしていないことのたとえ。

万事休す
▶もうどうすることもできない。

百聞は一見にしかず
▶何度も人の話を聞くよりも、たった一度でも実際に見たほうがずっとよくわかるということ。

覆水盆に返らず
▶一度してしまったことは元にはもどらないということ。

矛盾
▶つじつまの合わないこと。

災いを転じて福となす
▶悪いできごとにあってもくじけないでそれを利用し、自分に有利になるようにすること。

みんなの座右の銘

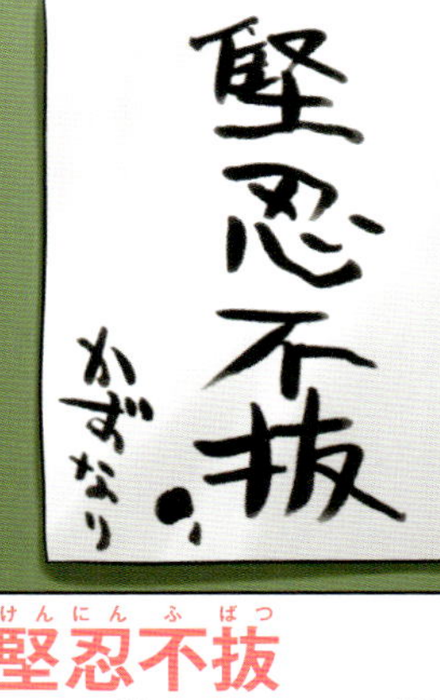

全力投球

力いっぱい球を投げることから、全力でものごとに取り組むこと。

堅忍不抜

がまん強くこらえて、心を変えないこと。

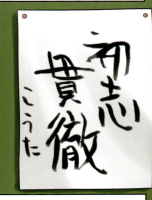

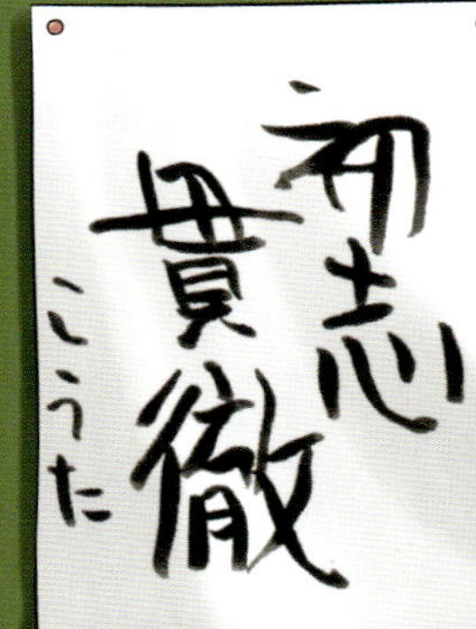

初志貫徹

最初に立てた目標をつらぬきとおすこと。

問題125 右の□の中に入る漢字は何？ □枯盛衰

唯一無二

唯一……ただひとつ
無二……ふたつとない

意味
この世にふたつとないこと。またとないこと。

由来
「唯一」は、ただひとつのこと、「無二」はふたつないということから、ただひとつのこと。にた意味の言葉をふたつならべて意味を強調している。

覚え得！
「無二」を「無一」と書きまちがえないように。

使い方
・水泳界のライバルとして競いあったふたりは、引退後に唯一無二の親友となった。
・歌もおどりも、お笑いの才能もあるかれは、唯一無二のタレントとして人気がある。

ショコラは小さいときからミカちゃんとずっといっしょ

ミカちゃんのことを唯一無二の存在だと思っている

――だから
ただいま～！

最近のショコラはごきげんななめ！
デレー
かわいいい～♡

まめちしき

「唯一無二の○○」と同じような意味の言い方に、「無類の○○」「比類のない○○」などがあるよ。「唯一」は、「唯一」「唯一」とも読むんだ。

●にた意味の四字熟語
・唯一不二

●反対の意味の四字熟語
・平平凡凡(251ページ)

問題125の答え　栄

有言実行

有言……言う
実行……行う

意味

あらかじめ宣言してから、そのものごとを実行すること。また、一度口に出したことは、何が何でも実行しようと努力すること。

由来

「有言」は考えなどを口に出して言うこと、「実行」は実際に行うということから。

覚え得!

「有言」を「有限」と書きまちがえないように。

使い方

新しい市長は有言実行で、市民に約束したことはかならず実行してくれるので、みんなに期待されている。

まめちしき

「有言実行」は、「不言実行」をもじってできた、新しい四字熟語だよ。言葉は、こうして新しく生まれて、みんなに広まっていくものもあるんだ。「佳人薄命」からできた「美人薄命」も、同じだね。

●反対の意味の四字熟語

・不言実行(242ページ)

問題126 右の□の中に入る漢字は何? 急転□下

優柔不断

優柔……はきはきしない
不断……決断しない

意味
ぐずぐずして、ものごとをなかなか決められないこと。決断力にとぼしいこと。

由来
「優柔」は、やさしくやわらかいということで、はきはきとしていないことをあらわし、「不断」は、決断をしないということから。

覚え得！
「優柔」を「憂柔」と書きまちがえないように。

使い方
友だちは、サッカー部に入るかバスケ部に入るか、いつまでもなやんでいる。そんな優柔不断なたいどでいると、どこに行ってもレギュラーになれないぞ。

まめちしき

「やわらかい」には「柔らかい」と「軟らかい」のふたつの漢字があるよ。どちらの漢字を使えばいいのか迷ってしまうよね。「柔らかい」は表面がやわらかい場合に、「軟らかい」は芯がなくてあつかいやすい場合に使うことが多いんだ。わからないときは、ひらがなで書いておこう。

●にた意味の四字熟語
・意志薄弱　・薄志弱行

●反対の意味の四字熟語
・即断即決

問題127 右の□の中に入る漢字は何？　諸□無常

優勝劣敗（ゆうしょうれっぱい）

優勝……すぐれたものが勝つ
劣敗……おとったものが負ける

意味
すぐれたものが勝ち、おとっているものが負けること。また、環境に合ったものが栄え、合わないものがほろびること。

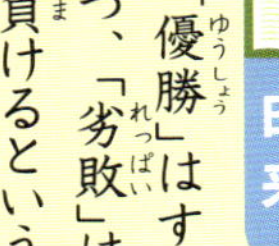

由来
「優勝」はすぐれたものが勝つ、「劣敗」はおとったものが負けるという意味から。

覚え得！
「優勝」を「優秀」と書きまちがえないように。

使い方
・優勝劣敗は世の常だが弱い動物がほろびるのは悲しい。
・外来種のザリガニに比べ、ニホンザリガニは数が減っているようだ。優勝劣敗だね。

まめちしき

「勝」の出てくることわざに「勝てば官軍、負ければ賊軍」というのがあるよ。これは、勝ったほうが問答無用で正しいことになる、ということのたとえ。勝ったほうが正義という意味だね。

●にた意味の四字熟語
・自然淘汰
・弱肉強食（132ページ）
・適者生存

有名無実

有名……名がある
無実……実質がない

意味

名前や評判ばかりがりっぱで、中身がそれにともなわず見かけだおしのこと。

由来

「有名」は、名前が世間に広く知られているということ、「無実」で、中身がないということから。

覚え得！

「有名」を「右名」と書きまちがえないように。

使い方

委員長はいつもいばっている。でも、委員長とは名ばかりで、委員会の始めのあいさつをするだけで、実際は何もしていない。有名無実もいいところだ。

まめちしき

りっぱな外見にともなって、中身も良いことを「かんばんにいつわりなし」と言うよ。有名無実の場合は、「かんばんにいつわりあり」だね。

●にた意味の四字熟語

・名存実亡　・有名亡実
・羊頭狗肉（287ページ）

問題128 右の□の中に入る漢字は何？　□載一遇

勇猛果敢

勇猛……強く勇ましい
果敢……思い切ってする

意味 勇気があってひじょうに強く、決断力があること。

由来 強くいさましいことをあらわす「勇猛」と、思い切ってだいたんに決断することをあらわす「果敢」を合わせた言葉。にたような意味の言葉をふたつならべて意味を強調している。

覚え得! 「勇猛」を「勇孟」と書きまちがえないように。

使い方 兄のラグビーの試合を見に行った。相手は強豪チームで有名なところだったが、勇猛果敢なこうげきで、兄のチームが大勝利をおさめた。

あっ大変だ!

よーし!ここは勇猛果敢に……

コラァ~!!
いじめはやめろ~!!

たすけて~!
……なんて一度でいいから言ってみたい

●にた意味の四字熟語
・進取果敢
・勇壮活発

まめちしき

「勇猛果敢」はいかにもかっこよくて強そうな四字熟語だね。ほかにも強そうでかっこいい四字熟語を集めてみたよ。「一騎当千」「威風堂堂」「獅子奮迅」……。辞書で意味を調べてみよう。

悠悠自適

悠悠……ゆったりしている
自適……思いのまま

意味

わずらわしい世間からはなれて、自分の思いのままに心静かにくらすこと。

由来

「悠悠」は、ゆったりしているようす、「自適」は自分の思いのままに快適にすることから。

覚え得!

「自適」を「自的」と書きまちがえないように。

使い方

ぼくの将来のゆめは、「世界中をのんびりと旅しながら、悠悠自適の生活を送ること」と言ったら、母に「そのためにも、勉強しなさい」と言われた。

おじいちゃんは悠悠自適でいいなー
おじいちゃん、小学校の先生してたでしょ

そのときのクセで、全部時間割があるのよ
さんぽの時間じゃ
ピピピピッ
時間割
……意外ときゅうくつなんだね

まめちしき

「悠悠」の出てくる四字熟語に「悠悠閑閑」があるよ。これは、のんびりして落ち着いているようすのこと。「閑」は、ひまという意味なんだ。

●にた意味の四字熟語

・晴耕雨読(158ページ)

問題129 右の□の中に入る漢字は何？　臨機応□

油断大敵

油断……気をゆるめる
大敵……大きなてき

意味

気をゆるめて注意をおこたると、思わぬ失敗のもとになるということ。

由来

「油断」することこそ、一番大きなてきだということから。

覚え得！

「大敵」を「大適」と書きまちがえないように。

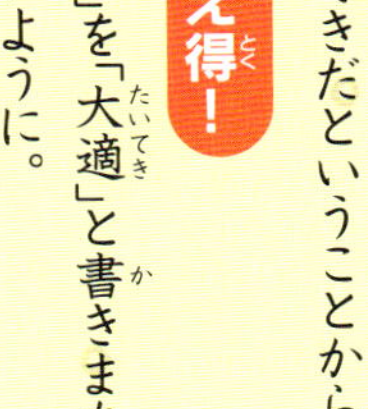

使い方

年下だからといって、いいかげんにやっていると負けてしまう。どんな相手でも油断大敵でいどまなければ。

油断

デデン
何だ、今日の相手は女子かよ
え〜

はあ〜い
女子だからって油断大敵！気を引きしめていくぞ！

いけーーっ！
あっあれ？
男子 1
女子 3

かったー！
…去年の女子リーグ優勝だって
早く言ってよ〜

まめちしき

「油」の出てくる言葉、「油を売る」って、どういう意味か知ってる？　これは、仕事中にむだ話などをしてなまけるという意味。昔、油売りの商人が、油がたら〜りたらりとゆっくりたれていく間、お客さんと世間話をしたりお世辞を言ったりして時間をつぶしながら商売したことからできた言葉なんだ。

●にた意味の四字熟語
・油断強敵

●にた意味の故事成語
・蟻の穴から堤もくずれる

問題129の答え　変

羊頭狗肉

羊頭……ヒツジの頭
狗肉……イヌの肉

意味

見かけだけりっぱで、内容がともなわないことのたとえ。りっぱなものをおとりに使って、実際は粗悪なものを売ることのたとえ。

由来

ヒツジの頭をかかげて、イヌの肉を売ったという故事、「羊頭をかかげて狗肉を売る」からできた言葉。「狗」はイヌのこと。（まめちしきも見てね）

覚え得！

「狗肉」を「苦肉」と書きまちがえないように。

使い方

この料理は、おもての写真とちがいすぎて羊頭狗肉だ。

Cafe
期間限定 ビッグパフェ
わぁ！超ビッグパフェだって！
入ろう入ろう

お待たせしました！
ちょこーん

これじゃあ羊頭狗肉だよね
もう一こずつ食べちゃお！

ガーン
体重はしっかりビッグになってるね…
…うん

まめちしき

店先の看板としてヒツジの頭をかかげて、高級なヒツジの肉を売っているように見せかけて、実は安いイヌの肉を売っていたという中国の故事からできた言葉なんだ。

●にた意味の四字熟語

- 有名無実（283ページ）
- 羊質虎皮

問題130　右の□の中に入る漢字は何？　取捨□択

竜頭蛇尾

竜頭……リュウの頭
蛇尾……ヘビのしっぽ

問題130の答え 選

てへっ♡
最初に動きすぎて
エネルギーが
無くなっちゃった…
ピコーン
ピコーン

!?
ちょろろろ〜〜…
そんな
竜頭蛇尾な
光線、
きかないよ
〜〜♡

意味

はじめはいきおいがよいが、終わりのほうはいきおいがなくなることのたとえ。

由来

「竜頭」はリュウの頭で、りっぱなこと、「蛇尾」はヘビのしっぽで、小さく細いことから。

使い方

みんなで、こうかん日記をしようということになった。はじめは、毎日こうかんしていたけど、だんだん回数がへっていき、竜頭蛇尾に終わってしまった。

まめちしき

「竜頭蛇尾」と同じように、最初はいきおいがいいのに、だんだんとおとろえていくようすを、「頭でっかちしりつぼみ」や「頭でっかちしりすぼり」などと言うんだよ。たんに「頭でっかち」と言うときは、上の部分が下の部分にくらべて大きすぎてバランスが悪いという意味や、知識や理屈ばかりが先走って、行動や中身がともなっていないという意味の言葉になるんだよ。

●にた意味の慣用句

・頭でっかちしりつぼみ

●反対の意味の四字熟語

・有終完美

問題131 右の□の中に入る漢字は何？　□途洋洋

臨機応変

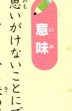

臨機……時と場にのぞむ
応変……応じて変える

意味

思いがけないことにであったとき、もとから決めておいたことにこだわらず、その場そのときにおうじて一番ふさわしいやり方をすること。

由来

「機」は時と場、「応変」で「機」におうじてやり方を変えるということから。

覚え得！

「臨機」を「臨期」と書きまちがえないように。

使い方

ルールは大切だけど、緊急事態が起きたときは、臨機応変に行動することのほうが大切だ。

あっ！ ソースがない！

じゃあ代わりにマヨネーズで味付けをしよう

しょう油も入れてと…

お兄ちゃんスゴイ！

臨機応変に料理ができるんだね！

いや……何にでもマヨネーズを入れるのよお兄ちゃんは
マヨラーなのね…
仕上げだ!!
ムニュ〜
ムニュ〜

●にた意味の四字熟語
・変幻自在

●反対の意味の四字熟語
・四角四面　・杓子定規（131ページ）

まめちしき

Case by Case

「ケースバイケース」という言葉、聞いたことあるかな？原則にとらわれずに、それぞれの事情におうじて問題を処理するということで、「臨機応変」と同じような意味だね。英語だけど、そのまま日本語の中で使われることが多いんだ。

問題131の答え　前

輪廻転生（りんねてんしょう）

輪廻……輪がまわる
転生……生まれ変わる

意味
人が生まれたり死んだりを何度もくりかえすこと。

由来
「輪廻」はぐるぐるまわるという意味で、「転生」は生まれ変わるということから、命がいろいろなところをまわりつづけることをあらわしている。もともとは仏教の言葉。

覚え得！
・「転生輪廻」とも言う。
・「転生」は「てんせい」とも読む。

使い方
祖父は、輪廻転生をかたく信じている。毎朝、庭のそうじをかかさないのは、生まれ変わっても幸せな人生を送りたいからだそうだ。

おばあちゃん、輪廻転生ってなあに？

人は、死んでまた生まれ変わるということよ

生まれ変わってもまたおばあちゃんに会いたいな

そうね、きっと前世でも会っていたわね

●にた意味の四字熟語
・永劫回帰
・流転輪廻

まめちしき
「輪廻」は、仏教の基本的な考え方で、生命のあるすべてのたましいが、回り続ける車輪のように、地ごくや人間界、天上などの世界に転々と生を受けることを言うよ。

問題132 右の□の中に入る漢字は何？ 質実剛□

老若男女

老若……老人とわかもの
男女……男性と女性

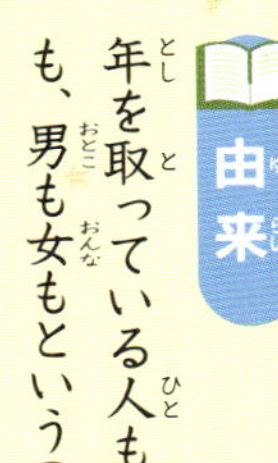

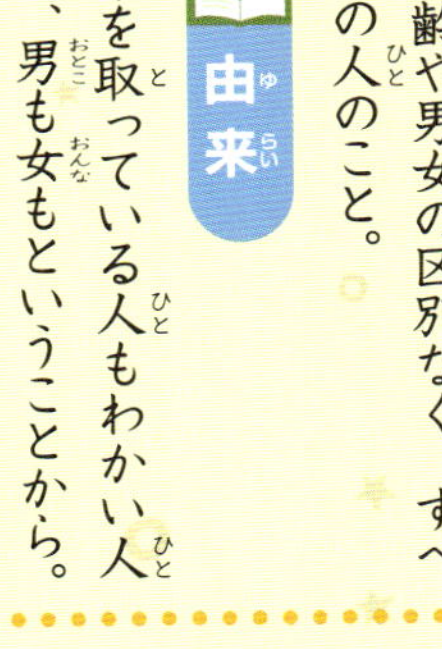

意味 年齢や男女の区別なく、すべての人のこと。

由来 年を取っている人もわかい人も、男も女もということから。

覚え得! 「男女」を「だんじょ」と読みまちがえないように。

使い方 このコンビは、老若男女が楽しめるコントをやる。

文化祭の劇は老若男女が楽しめるものにしましょう
さんせいい!
私も~

わいわい
小さい子はアニメキャラ好きだよねぇ
うちゅう人出そうよ
ぼくの家のじいちゃんは時代劇が好きで見てるよ
ホラーは?
うーん
ガヤガヤ

文化祭、当日
文化祭
桜宮小学校

設定がめちゃくちゃで
だれも楽しめなかった

●にた意味の四字熟語
- ・一切衆生
- ・貧富貴賤

まめちしき

「老」がつく言葉に「老婆心」というのがあるよ。これは、だれかに必要以上に親切にしたりおせっかいをやいたりするという意味。年を取った女の人は、人生経験がほうふなので、子どもや孫を心配して、よけいな忠告をしたり世話をやきすぎたりすることがあるので、こんな言葉ができたんだって。

問題132の答え　健

和洋折衷（わようせっちゅう）

和洋……和と洋
折衷……折り合わせる

意味
日本風のものと西洋風のものを、両方うまく取り入れていること。

由来
「和」は日本風で「洋」は西洋風、「折衷」で真ん中のちょうどよいところを取って調和させるということから。

使い方
・老若男女がとまりに来るホテルでは、いろいろな好みにあうように、和洋折衷のビュッフェレストランが人気だ。
・最近は、和洋折衷のおせち料理が人気があるそうだ。

●にた意味の四字熟語
・和魂洋才

まめちしき
「和」と「洋」で対になる言葉はたくさんあるんだ。部屋のタイプは「和室」「洋室」、料理は「和食」「洋食」、着るものは「和服」「洋服」。「和洋」に中国を意味する「漢」を加えた「和漢洋」と言う言葉もあるよ。「和魂漢才」というのは、中国の学問を学びながらも日本の精神を失わないという意味の四字熟語だよ。

オリジナル四字熟語を作ろう

●四字熟語の漢字を、ほかの漢字に置きかえて新しい四字熟語を作ってみよう！

作り方

1 元になる四字熟語と、意味を書き出す。

2 漢字を入れかえて、新しい四字熟語を作る。意味やその理由、読み方も考えて書いておこう。

頭寒足熱（ずかんそくねつ）

意味
頭は冷やして、足はあたたかくしておくこと。また、そうすると健康に良いということ。

たとえば、頭も足も寒かったらどうだろう…？
そうだっ!!

頭寒足寒（ずかんそくかん）

意味
頭も足も寒いことから、長さの足りないふとんのこと。

発展
なれてきたら、まったく新しい四字熟語を一から考えてみよう。

ノートの例

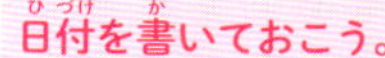

4月 7日 木曜日

オリジナル四字熟語

【元になる四字熟語】
老若男女
(意味)年齢や男女に関係なく、すべての人のこと。

【オリジナル四字熟語】
犬猫鳥花（けんびょうちょうか）
(意味)種類に関係なく、地球上のすべての命のこと。

月 日 曜日

【元になる四字熟語】
一人相撲
(意味)相手がいないのにひとりで勢い込んでいること。

【オリジナル四字熟語】
三人相撲（さんにんずもう）
(意味)相撲はふたりでとるものなのに、ひとり多いことから、ふたりの問題に、関係のない人が割り込んでくること。

どうしてその意味にしたのか、理由も書いておこう。

漢字の読み方がよくわからないときはおとなの人と相談して決めよう。

273ページの答え

一	目	瞭	然			快
石		開	口	一	番	刀
二	者	択	一	心	不	乱
鳥			望	同		麻
海	千	山	千	体		
	三	五	里	霧	中	首
	寒	臓	竜	頭	蛇	尾
	四	六	時	中		一
	温	腑				貫

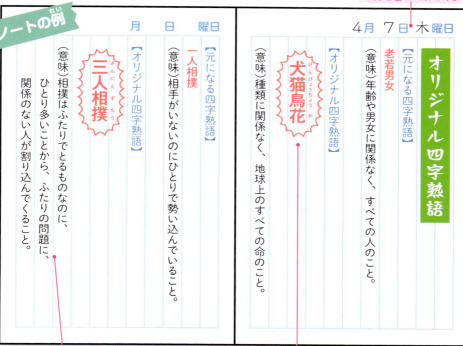

オリジナル四字熟語を作ろう！

何してるんだい？ 聞いたことない 四字熟語だけど

オリジナルの 四字熟語を 作ってるんだ

ほう!!

新しい試みピ 興味津津ピ！

ぼくたち 四字熟語を 勉強して きたでしょ

うん！四字熟語のことならまかせて！

今なら自信満満よ

これもピッポのおかげだね

ピッポのおかげでぼくたちは四字熟語に興味を持てたんだもん
ね———!
ユウ
サヤカ……

決めたピ!!
ピッポもそろそろ自分の星に帰って学んだことを論文にまとめるピ!
え————!!

ピッポ帰っちゃうの?
さびしいよ!!
ピッポもさびしいピけど……

みんなのおかげで四字熟語や地球のこと
もっともっと大好きになったっピ

力戦奮闘

力をつくして、自分の能力をふるうこと。

ぜったいぜったいまた帰って来てね！

もちろんピ『再会約束』ピ!!

ピッポってほんとにうちゅう人だったんだ……

さくいん

【四字熟語】

な

は

ま

や

ら

わ

【三字熟語・五字熟語】

【ことわざ】

【慣用句】

【故事成語】

青山由紀（あおやまゆき）
東京生まれ。私立聖心女子学院初等科を経て、現在筑波大学附属小学校教諭。
主な著書に『こくごの図鑑』（小学館）、『子どもを国語好きにする授業アイデア』（学事出版）、『まんがで学ぶ　ことわざ』（国土社）などがある。
日本国語教育学会常任理事、全国国語授業研究会常任理事、光村図書・教科書編集委員。

ストーリーマンガ
ゆづか正成

マンガ
AUN 幸池重季
つぼいひろき
永井啓太
なかむらひとし

イラスト
柏原昇店
フクイヒロシ
ｍｉｎ

スタッフ
本文デザイン／株式会社クラップス（中富竜人）
校正／文字工房 燦光
編集協力／みっとめるへん社
編集担当／森田 直（ナツメ出版企画株式会社）

オールカラー
マンガで身につく！ 四字熟語辞典

2016年７月４日　初版発行
2017年６月20日　第4刷発行

監修者　青山由紀
Aoyama Yuki,2016

発行者　田村正隆

発行所　株式会社ナツメ社
東京都千代田区神田神保町1-52　ナツメ社ビル１Ｆ（〒101-0051）
電話 03(3291)1257（代表）　FAX 03(3291)5761
振替 00130-1-58661

制　作　ナツメ出版企画株式会社
東京都千代田区神田神保町1-52　ナツメ社ビル３Ｆ（〒101-0051）
電話 03(3295)3921（代表）

印刷所　株式会社リーブルテック

ISBN978-4-8163-6064-0
Printed in Japan

本書に関するお問い合わせは、上記、ナツメ出版企画株式会社までお願いいたします。
〈定価はカバーに表示してあります〉
〈落丁本、乱丁本はお取り替えいたします〉